Invesco

インベスコ・アセット・マネジメント株式会社

世界屈指の
資産運用会社
インベスコが明かす

世界株式「王道」投資術

KKベストセラーズ

世界屈指の資産運用会社
インベスコが明かす

世界株式「王道」投資術

はじめに

数ある投資関連書籍の中から本書を手に取っていただき、ありがとうございます。本書は、世界屈指の資産運用会社として知られるインベスコの日本拠点であるインベスコ・アセット・マネジメント株式会社が資産形成の黎明期にあるといえる日本の皆様へ、世界規模の運用会社の現場では何をしているのか、資産形成に有効となる投資手法はどのようなものなのか、運用商品がどのように投資家へ届けられているのかをお伝えするために出版したものです。

「貯蓄から投資へ」という日本政府の方針が発表されたのは２００１年のことでした。以来政府は20年の歴史の中で、キャッチフレーズを「貯蓄から資産形成へ」と変更しながら、２０１４年のＮＩＳＡ（少額投資非課税制度）の導入、２０１６年のジュニアＮＩＳＡ導入、２０１７年のｉＤｅＣｏ要件拡大、２０１８年のつみたてＮＩＳＡ導入と、様々な施策で日本国民が投資・資産形成を自ら進めることを後押ししてきました。

その成果は徐々に実ってきており、２０２２年末でＮＩＳＡの口座合計（速報値）は１８００万を超えました。運用商品を投資信託に限定するつみたてＮＩＳＡ単体でも７００万超の口座が開設され、資産形成の手段として投資信託が浸透してきたことを、資産運用会社として嬉しく思います。

また２０２２年より、高校の授業において金融教育がスタートしました。ＳＮＳの広がりとともにリアルタイムに情報を得られる機会も増え、年齢を問わず資産運用への関心が高まっていることを感じます。

この20年、官民ともに「投資」「資産運用」の定着を目指してきた中、２０２１年に発足した岸田政権は「資産所得倍増プラン」を発表し、２０２４年からＮＩＳＡ制度がさらに拡充されることも決まっています。

私たちは、今後より多くの人々にとって資産運用、また投資信託を通じた投資が身近なものになっていくことと考えています。

一方で、投資には幅広い手法があります。例えば投資信託に限っても、投資対象として株式や債券など複数の選択肢があり、さらに、特定の国に投資を限定するものや、世界全体を投資対象とするものもあります。加えて、インデックス（指数）連動型のパッシブ運用や、インデックスを上回ることを目指してプロが独自に銘柄を選ぶアクティブ運用など、大変多くの選択肢があるだけに「何か始めたいけれど、結局何を選べば良いのか分からない」ことが投資へのハードルを上げているのではないでしょうか。

SNSやブログを中心に「投資初心者はひとまず、より分かりやすいインデックス連動型かつ手数料の安い投資信託だけ持っておけば問題ない」という記事を見かける度に、運用会社として、その他の選択肢も知っていただきたいと思わずにいられません。

今、日本では投資が文化として広がり始め、ますます花開こうとしています。今こそ本書を通じて、「投資信託の運用現場」を知っていただければと願う次第です。

本書では、運用会社が実際にどのようなことを行っているのか、特に投資信託の運用を担う運用者が何を考え、どのようなプロセスを経て投資を行う株式などを選んでいるのか、また運用商品(ファンド)の情報がどのように投資家の元へ届くのかを紹介します。また、多数ある選択肢の中でも、最近広まっているパッシブ運用ではなく、株式投資の王道であるアクティブ運用による世界株式への投資の魅力についても解説します。

今回の執筆にあたり、インベスコの英国・ヘンリー拠点において株式投資の〝王道〟を実践する運用チームと綿密な連携を取りました。連携といっても単に電話やオンライン会議で話をするだけではなく、本書を通じて生の運用の現場を伝えたいという想いで、弊社日本拠点の社員を英国へ派遣しました。運用チームが日頃実施する会議に同席したり、銘柄選定のシミュレーションをしたり、業務中・業務外の過ごし方や各人が大切にする哲学を聞き取りながら、その実態に迫りました。本書にはその内容をぎっしりと詰めこんでいます。

また、運用の現場にだけ焦点を当てるのではなく、運用商品が投資家に届くまでの流れも紹介します。金融商品はパソコンや自動車などの製品とは異なり、形があるものではありません。結果はパフォーマンスという数字で表されるまで目に見えず、その仕組みは分かりづらくなっています。投資家の大切な資金がどのように運用され、利益が分配されるのかを説明する本はこれまでほとんど発行されたことがないのではないでしょうか。本書を通じて今までベールに包まれてきた運用手法や運用会社の実態を知っていただき、一人でも多くの方の資産運用や資産運用会社の役割への理解が進めばと願っています。

本書は、投資に興味をもつすべての方に向けて出版します。これから投資を始めようと思っている方、すでに長い期間投資を実践している方や、金融機関で運用商品の販売に携わっている方、メディアやＳＮＳを通じて投資の情報発信をする方など、多くの方のお役に立てれば幸いです。

２０２３年５月　インベスコ・アセット・マネジメント株式会社　一同

世界屈指の資産運用会社
インベスコが明かす
世界株式「王道」投資術

CONTENTS

第1章 資産形成の現在地

第2章 世界の成長を資産運用に取り込む

第3章

世界のベストを追求する

第4章

資産運用会社 インベスコ

第1章

資産形成の現在地

1．「貯蓄から投資へ」の浸透と課題

日本政府が「貯蓄から投資へ」という政策目標を掲げてから20年以上が経過しました。２０００年初め頃は、投資をしていない人が「投資は怖いもの」という印象をもっていたからか、もしくは「投資は高度な知識をもった人だけがするもの」といった認識もあったのか、多くの人にとって投資は身近な選択肢とはなっていませんでした。

インベスコの日本拠点では投資信託という商品がどのように認知されているのか、また人々が「投資」をどのように捉えているかを把握する調査を定期的に実施しています。２０１６年に資産形成に関するグループインタビューを行った際、金融資産1億円以上で資産の１００％を現金・預金に置いていた方から「お金を増やしたいのであれば、頑張って働けば良い。投資なんて楽をするのはおかしいのではないか」という発言がありました。投資が根付いていない日本において、投資は不労所得といっ

図表1-1　NISA（一般・つみたて）口座数および買付額の推移

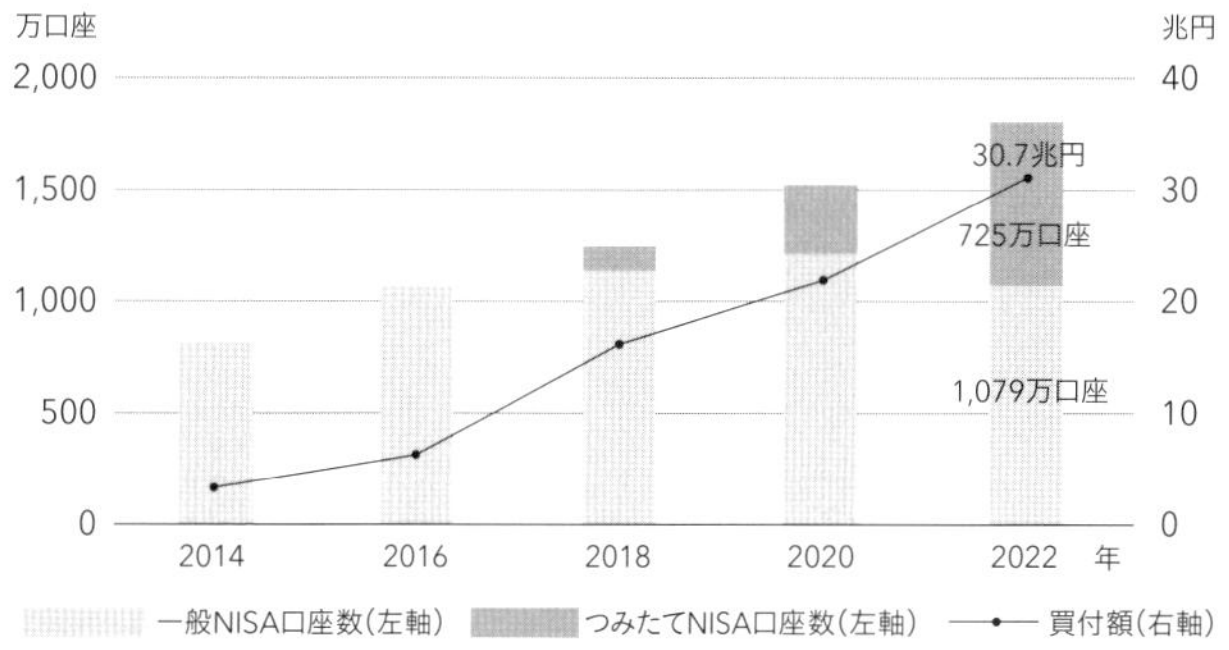

2018年以降の買付額は一般NISAとつみたてNISAの合計額
出所：金融庁「NISA口座の利用状況調査」よりインベスコ作成

た後ろめたさをもたらす行為なのかと驚愕したことを今でも思い出します。

しかし、２０１４年に始まった一般ＮＩＳＡに続き、２０１６年にはジュニアＮＩＳＡ、２０１８年からつみたてＮＩＳＡと投資に関する税制優遇制度が拡充されたことも一役買い、徐々に投資が身近な行為として広がってきました。２０２２年12月末時点（速報値）でＮＩＳＡの口座数は１８００万超まで増加し、その買付額の総額は30・７兆円に到達しました。日本の家計金融資産の総計は２０００兆円を超えており、そのうちの約55％が現金・預金であることや、他国での投資の浸透度合いと比較すると投資の定着と拡大の余地はまだあると考えられます。※ ＮＩＳＡなどの活用により20〜40代の資産形成層が利便性の高いインターネットを通じて投資に参加するなど一定の浸透が見られる中、２０２３年２月末の一般社団法人投資信託協会「数字で見る投資信託」によると、公募投信への年間の資金流出入額は、２００４年から２０２２年まで19年連続プラスとなりました。もちろん、２００１年に制度が開始した、ｉＤｅＣｏ（個人型確定拠出年金）の定着も一役買っていることが読み取れます。「投資」が「資産形成」という言葉に変化し、人生において重要な選択肢の１つであることが認識されてきているのです。

※出所：日本銀行調査統計局「２０２２年第４四半期の資金循環統計（速報）」２０２３年３月17日

「資産所得倍増プラン」が目指すもの

２０２２年11月、「新しい資本主義」の実現に向けた、「資産所得倍増プラン」が決定しました。現在日本の金融資産の半分以上を占める現金・預金を投資に振り向けることにより、企業と個人資産の成長を両立させようという取り組みです。日本政府は5年間でＮＩＳＡ総口座数１７００万口座と買付額28兆円を倍増させ、総合口座数３４００万口座かつ買付額56兆円を目指しています。[※]また、これらの目標を通じて、中間層を中心とする層の安定的な資産形成を実現するため、長期的な目標として資産運用収入の倍増も見据えています。

※出所：内閣官房「新しい資本主義実現会議決定（令和4年11月28日）」２０２２年6月末時点の数値からの倍増を目標とするもの

「成長と資産所得の好循環」の実現とうたったこのプランには7本の柱があり、その柱の1つとして2024年には新NISAがスタートします。現行の一般NISAが「成長投資枠」と名称を変え、年間投資上限額が120万円から240万円に拡大、つみたてNISAが「つみたて投資枠」となり、上限額が40万円から120万円に拡大されます。非課税保有期間も無期限化されます。制度が充実し、金融機関がこの制度を分かりやすくお客様に伝え、個人は投資の内容をさらに学び続け、自身の資産の倍増に向けて計画的に育てていく段となりました。

資産収入の倍増は可能なのか

2000年から2021年までの約20年間、日本の家計金融資産は1・4倍に増加しました。また、運用リターンによる家計金融資産は1・2倍で、倍増からは遠い結果です。一方、米国の推移を見ると、家計金融資産が3・4倍へと伸びており、運用リターンによるものは2・6倍となり、改めて日本の一歩も二歩も先を行っている状況が分かります(図表1－2)。

図表1-2　家計金融資産の推移(日本・米国)

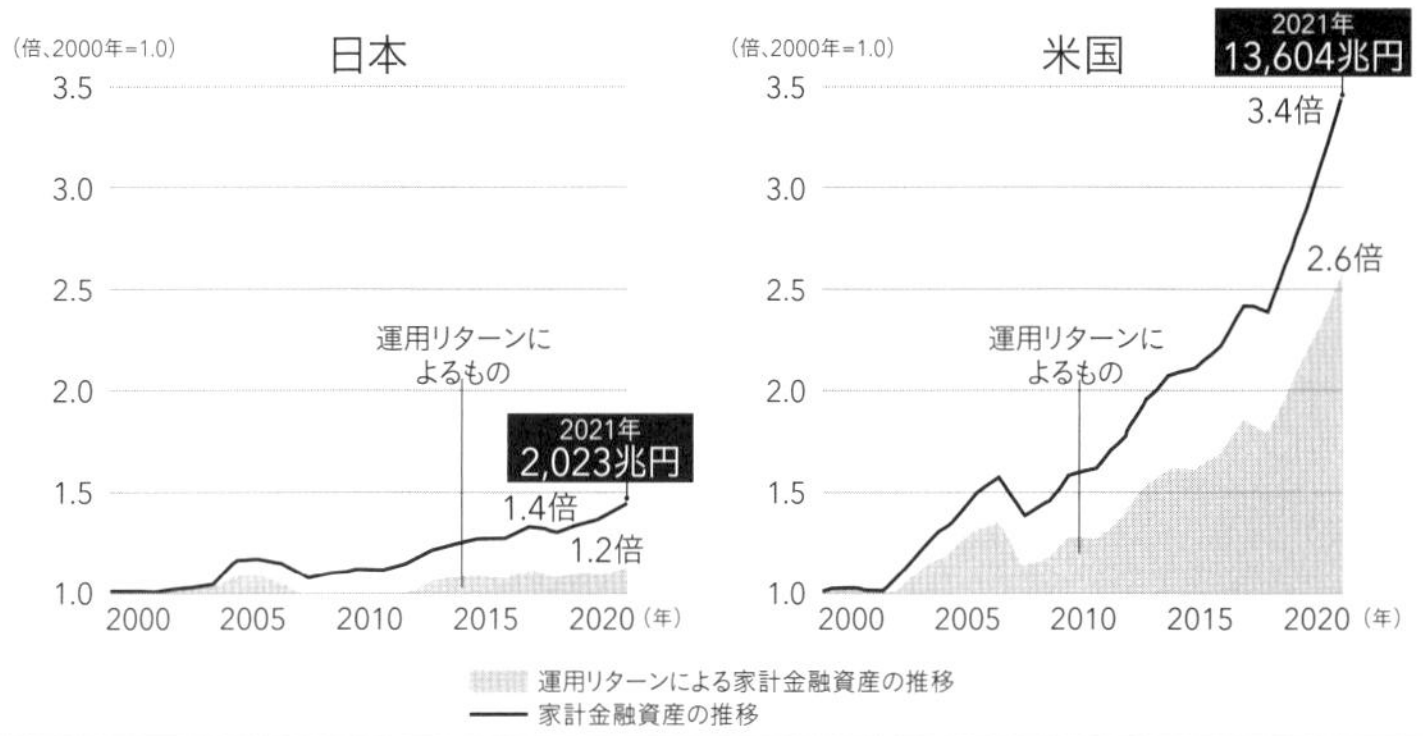

上記の運用リターンによる資産の伸びは、資産価格の変動による伸びから算出。利子や配当の受取りは含まない。
2021年末時点の値。米国については、2021年12月末の為替レートにて換算(1米ドル=115.24円)
出所:内閣官房　新しい資本主義実現本部事務局「資産所得倍増に関する基礎資料集」2022年10月

この差はどこから生まれているのでしょうか。最も大きな要因と考えられるのは、先にも触れた日本人の金融資産の半分以上が、現金・預金に置かれているという点です。図表1－3を見ると、米国では現金・預金が12・8%、株式、債券、投資信託の合計が43・2%を占めますが、日本では現金・預金が54・9%と半分以上です。

しかし、現在のような低金利の環境下、資金を現金・預金に置いたままでは増えないことは日本でも大多数の人が理解しています。また、新型コロナウイルス感

図表1-3　家計金融資産の構成の日米比較

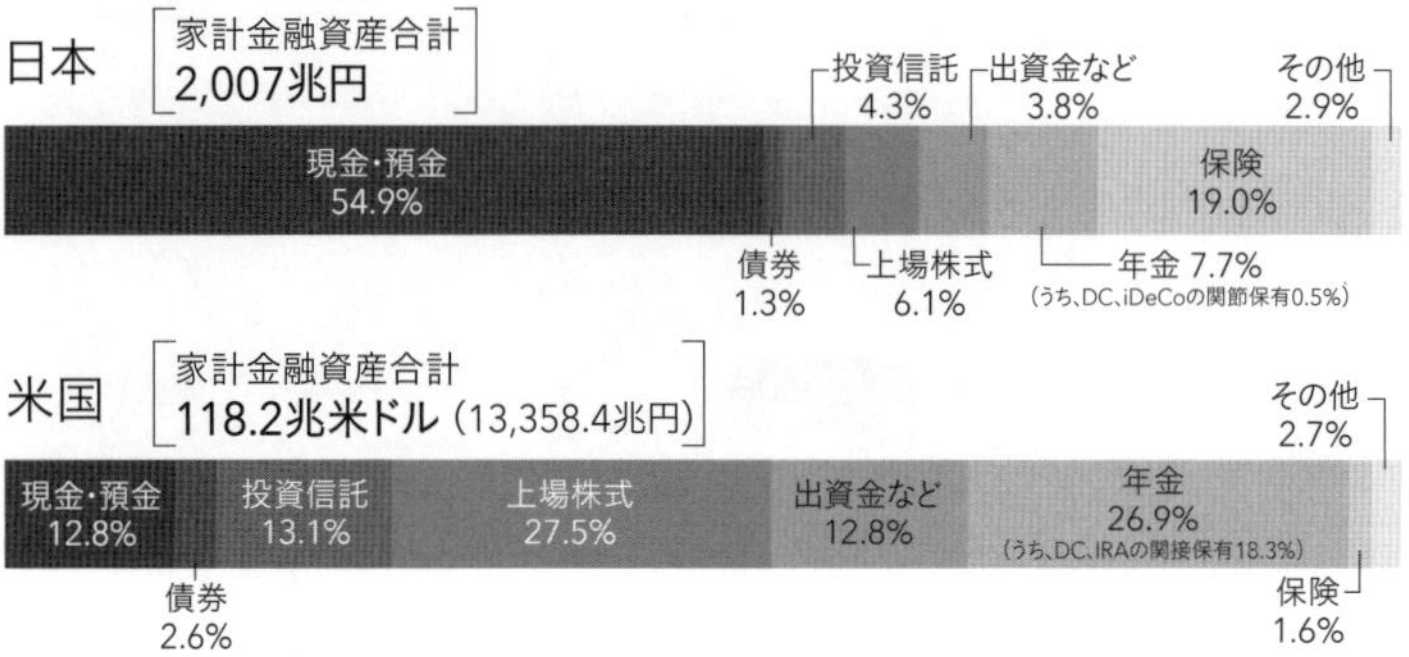

日本は2022年6月末時点。ただし、DC、iDeCoの間接保有分は2021年3月末時点の保有額ベース。米国は2021年末時点。1米ドル=113円で円換算。
出所：内閣官房　新しい資本主義実現本部事務局「資産所得倍増に関する基礎資料集」2022年10月

染症やロシア・ウクライナ紛争の影響などにより、日本においてもインフレが現金の価値を目減りさせることを肌で感じている方々も多くいると思います。これらの点からも資産運用の重要性が認識されつつあるのではないでしょうか。

政府の制度拡充もあり、緩やかながらも投資人口が増えてきています。また、投資先の選択についても、以前にも増して積極的に検討しようという意向が見られます。次の図表1－4は、金融商品を選択する際に重視することの調査結果です。2021年以降、「収益性」を重視する比率が大きく増加しています。

また、さらに一歩踏み込んだ質問となる「元本割れを起こす可能性があるが、収益性の高いと見込まれる金融商品の保有」についても、２０２１年以降は「積極保有意向」と「一部保有意向」の合計が約半分を占め、保有意向が増加しています（図表１－５）。

これらの結果からも、リターンを得るためには、取れるリスクの範囲を見極めて資産運用をしていこうという投資家が増えつつあることが分かります。このような投資家の行動変容が、資産収入倍増につながっていくのかもしれません。世界の中でも後れを取っていた日本の資産運用ですが、ようやくここにきて、積極姿勢を取る投資家人口の割合が増加してきました。

図表1-4　金融商品を選択する際に重視すること

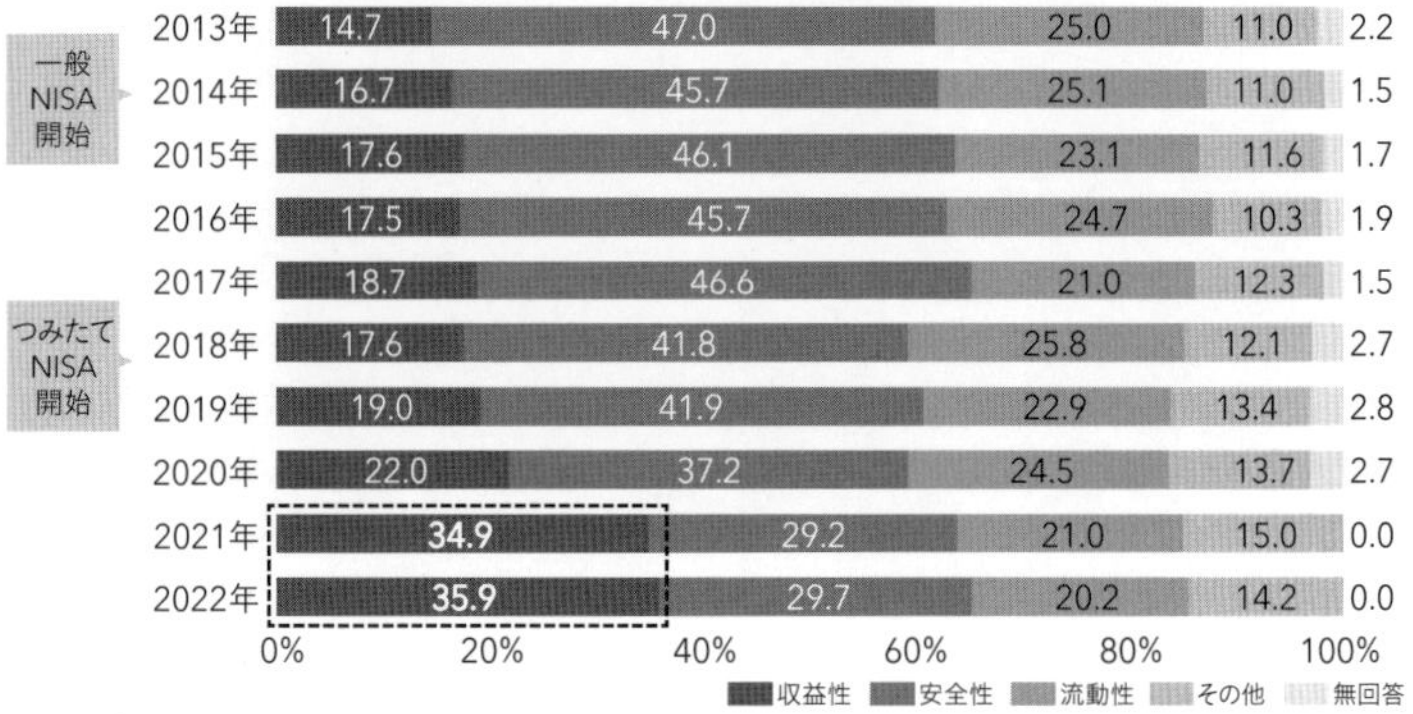

（注）「安全性」、「流動性」、「収益性」、「その他」に関わる項目をそれぞれ下記のように分類。
安全性：「元本が保証されているから」および「取扱金融機関が信用できて安心だから」
流動性：「少額でも預け入れや引き出しが自由にできるから」および「現金に換えやすいから」
収益性：「利回りが良いから」および「将来の値上がりが期待できるから」
その他：「商品内容が理解しやすいから」および「その他」

調査時期：2022年6月24日〜7月6日
調査対象：全国5,000世帯（世帯主が20歳以上80歳未満で、かつ世帯員が2名以上）
出所：金融広報中央委員会「家計の金融行動に関する世論調査2022年」（二人以上世帯調査）

図表1-5　元本割れを起こす可能性があるが、収益性の高いと見込まれる金融商品の保有

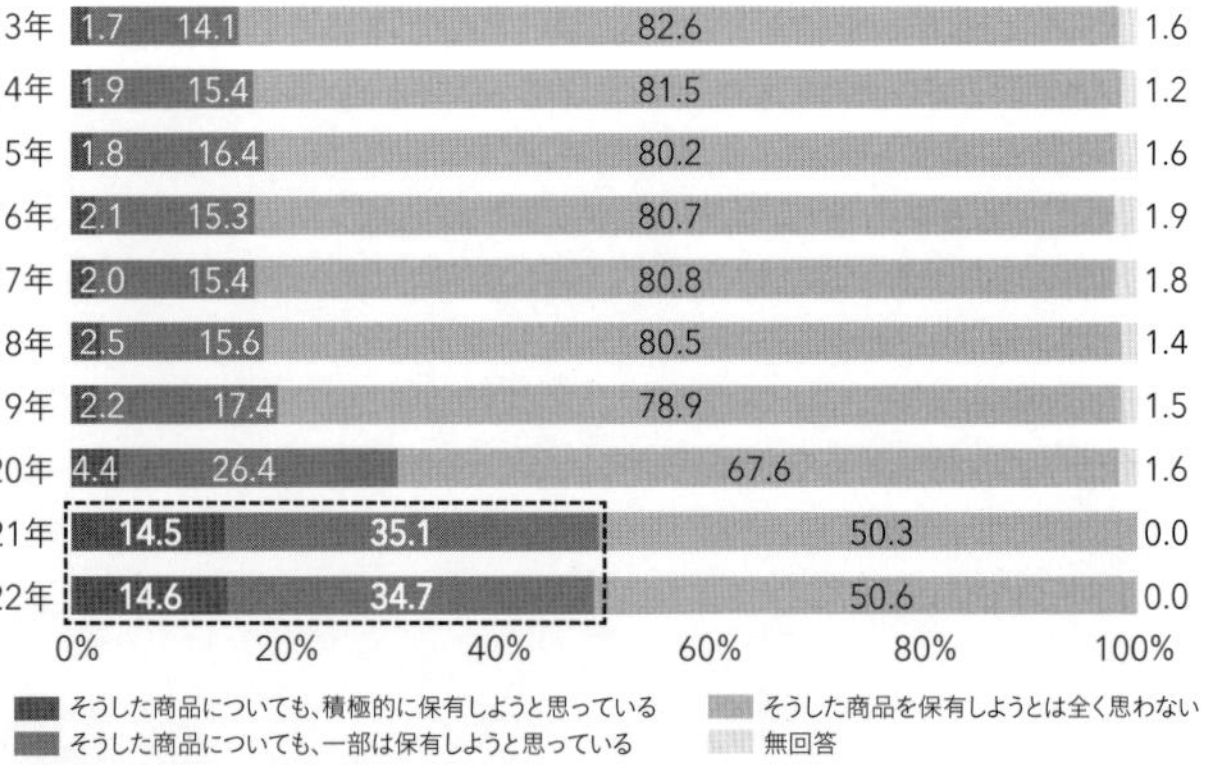

調査時期：2022年6月24日〜7月6日
調査対象：全国5,000世帯（世帯主が20歳以上80歳未満で、かつ世帯員が2名以上）
出所：金融広報中央委員会「家計の金融行動に関する世論調査2022年」（二人以上世帯調査）

2. 日本人の投資の実態

少しずつ資産形成の選択肢に積極姿勢がみられるようになっていますが、現在、日本人の投資の実態はどのようになっているのでしょうか。

行動経済学で、ホームカントリー・バイアスといわれる傾向があります。これは自国の資産に投資が集中するというもので、どの国でもみられます。自国の企業や経済の情報あるいはそれが及ぼすリスクなどの情報が入手しやすいことや、自国への投資を積極的に選択するというのは誰もが理解できることでしょう。しかし、そのバイアスにより海外に資産が分散できず、かえって単一国で生じるリスクを抱えてしまうこともあります。

日本円のみで資産を持つこと

２０１８年、弊社は金融資産５０００万円以上の60～80代で投資信託を保有する11組計15名を対象に、これまでどのように資産を築いたかのインタビュー調査を実施しました。調査協力者のほとんどが日本経済を支え牽引してきた日系大手メーカーをリタイアした元会社員で、海外赴任経験者が多いことが特徴的でした。「ジャパン・アズ・ナンバーワン」時代の中心におり、強い日本円を持ちながら海外での赴任生活を過ごした方々は、海外経験があるにもかかわらず日本株式への投資比率が意外と高く、数年の海外赴任が終わって日本に戻ると預金が知らないうちに増えていたという話や、若手会社員時代に従業員持株制度でなんとなく保有していた自社株が退職時に何倍にもなっていたという話を聞かせていただきました。

このように、日本の経済成長の中心にいてその成長を体感し享受してきた世代にとっては、日本円のみで資産を持つことが豊かになるための解の１つだったといえる

図表1-6　2022年の保有株式の種類

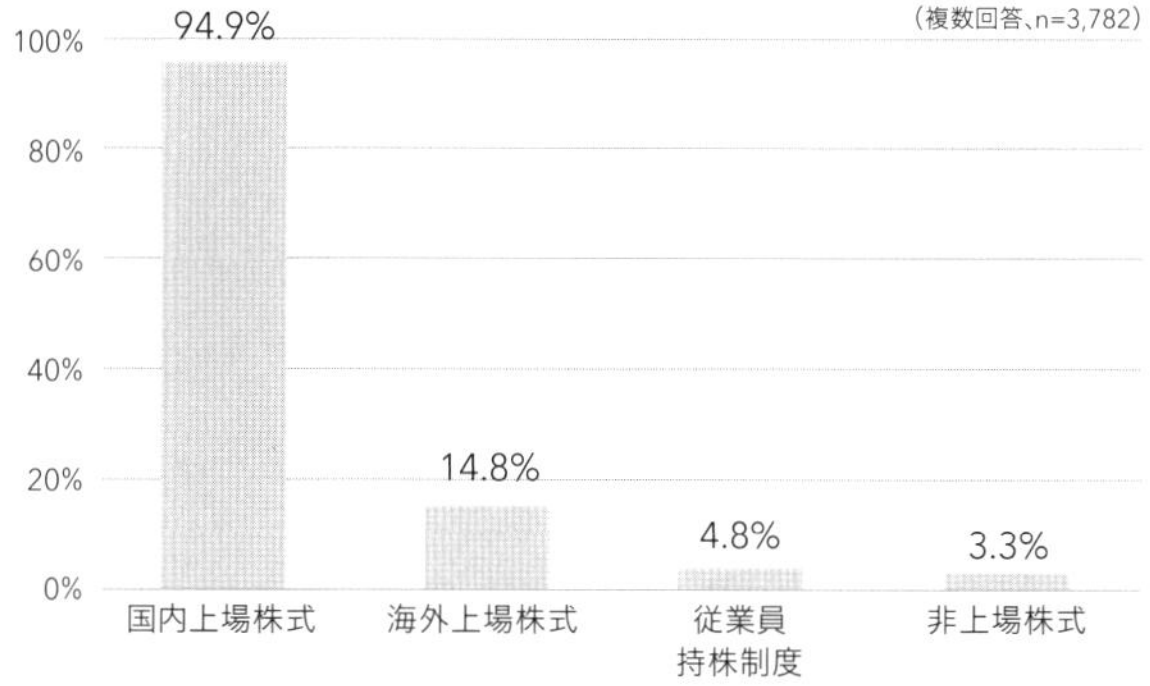

調査時期：2022年7月13日〜7月15日
調査対象：全国の個人投資家（20歳以上）5,000人
出所：日本証券業協会「個人投資家の証券投資に関する意識調査」2023年2月

でしょう。日本に資産を持っていれば安心できると信じられていたことは想像に難くありません。日本企業も日本人も日本円資産もともに成長した時代だったのです。

日本証券業協会の調査「保有株式の種類」を見ると（図表１－６）、保有株式は今もなお国内上場株式が圧倒的に多いことが分かります。これにはホームカントリー・バイアスだけではなく、海外の株式を取引するには取り扱い証券会社が限られていることや、取引口座の開設、取引時間や為替、税制の対応など、外国証券取引特有の手続きが面倒といった点も背景にあるかもしれません。

2023年1月に発表された一般社団法人投資信託協会「2022年投資信託に関するアンケート調査報告書」によると、投資信託の保有種類については2021年より外国株式投資信託の保有が最も多く、次に国内株式投資信託、分散型投資信託（バランス型）と続きます（図表1－7）。なお「外国株式投資信託」の保有率は若年層ほど高く、年齢が上がるほど「分散型投資信託（バランス型）」「外国債券投資信託」「国内不動産投信（Jリート）」の保有率が増加します。外国証券取引は先述した理由から個人が扱うにはハードルが高いですが、投資信託を活用すれば海外資産への投資は容易に実現できます。

一方で、保有率ではなく保有金額で平均購入額をみてみると（図表1－8）、「分散型投資信託（バランス型）」が312・5万円で最も高く、「外国債券投資信託」の303・6万円と「国内不動産投信（Jリート）」がそれに続き、また異なった傾向がみえてきます。

図表1-7　投資信託の保有種類

(%)

	n=	外国株式投資信託	国内株式投資信託	分散型投資信託(バランス型)	外国債券投資信託	ETF
2020年	(4,675)	43.6	54.4	25.6	17.7	9.5
2021年	(5,584)	53.9	50.2	22.8	14.9	11.6
2022年	(5,302)	46.7	45.3	25.4	14.3	13.7

(%)

	国内債券投資信託	国内不動産投信(Jリート)に投資する投資信託	外国の不動産投信に投資する投資信託	国内不動産投信(Jリート)	その他	不明・回答拒否
2020年	18.4	12.4	9.2	5.8	0.4	9.2
2021年	15.1	9.8	7.8	5.4	0.6	8.0
2022年	12.7	10.6	8.3	6.9	0.6	10.8

※選択肢「分散型投資信託(バランス型)」は2022年(バランス型)を追記して聴取

調査時期:2022年9月14日〜9月21日　調査対象:全国20〜79歳の男女、20,000サンプル
出所:一般社団法人投資信託協会「投資信託に関するアンケート調査報告書」2023年1月

図表1-8　**投資信託の保有金額**

	投資信託の種類		平均購入額
外国	外国株式投資信託	n=2,477	258.6万円
	外国債券投資信託	n=757	303.6万円
国内	国内株式投資信託	n=2,403	237.6万円
	国内債券投資信託	n=675	269.0万円
分散	分散型投資信託（バランス型）	n=1,347	312.5万円
リート	国内不動産投信（Jリート）に投資する投資信託	n=560	250.5万円
	外国の不動産投信に投資する投資信託	n=442	263.5万円
	国内不動産投信（Jリート）	n=368	290.4万円
ETF	ETF	n=727	252.6万円
	総合計	n=4,711	403.4万円

調査時期：2022年9月14日〜9月21日
調査対象：全国20〜79歳の男女、20,000サンプル、「購入額不明・回答拒否」を除いて算出
出所：一般社団法人投資信託協会「投資信託に関するアンケート調査報告書」2023年1月

日本の国際競争力

２０２１年、コロナ禍から回復に向かう日本は40年ぶりのインフレに直面しました。２０１９年までの10年間は平均０・５％に過ぎなかった消費者物価上昇率（前年同月比）が、２０２２年12月に４％に達したのです。企業が価格転嫁を進める中、身近な物価の上昇を目の前に、デフレに慣れた日本人はインフレ対策の必要性の認識を久しぶりにもち始めたともいえます。インフレ対応も鑑み、２０２３年３月の日本労働組合総連合会による組合の春闘賃上げ率加重平均は３・８％と報告され、前年の２・14％を大きく上回りました。３００人未満の中小組合においても３・45％、また有期・短時間・契約等労働者の時給についても５・91％と前年より大幅に増加したものの、次々と発表される足元の物価上昇に賃金上昇が追いついていないのが現状です。

スイスのＩＭＤ（国際経営開発研究所）「世界競争力ランキング２０２２（総合）」による

図表1-9　IMD（国際経営開発研究所）世界競争力ランキング2022（総合）

1位	デンマーク(3)	16位	アイスランド(21)
2位	スイス(1)	17位	中国(16)
3位	シンガポール(5)	18位	カタール(17)
4位	スウェーデン(2)	19位	オーストラリア(22)
5位	香港(7)	20位	オーストリア(19)
6位	オランダ(4)	21位	ベルギー(24)
7位	台湾(8)	22位	エストニア(26)
8位	フィンランド(11)	23位	英国(18)
9位	ノルウェー(6)	24位	サウジアラビア(32)
10位	米国(10)	25位	イスラエル(27)
11位	アイルランド(13)	⋮	⋮
12位	UAE(9)	32位	マレーシア(25)
13位	ルクセンブルク(12)	33位	タイ(28)
14位	カナダ(14)	34位	日本(31)
15位	ドイツ(15)	35位	ラトビア(38)

※()は2021年の順位

出所：IMD World Competitiveness Ranking 2022

と、日本の国際競争力総合順位は過去最低の34位（63ヵ国・地域中）となりました（図表1－9）。この世界競争力は「経済状況」「政府の効率性」「ビジネス効率性」「インフラ」の4大分類とそれぞれに属する5つの小分類の合計20項目から評価される順位です。日本は、前年の31位から3ランクダウンとなりました。第1位はデンマークですが、アジア勢を上位からみてみると、3位シンガポール、5位香港、7位台湾、17位中国と続きます。34位の日本のすぐ上は、32位マレーシア、33位タイです。特に日本の順位を低迷させている項目として、「ビジネス効率性」が51位である点が挙げられます。中でも生産性・効率性や、企業の意思決定の迅速さ、外部環境への柔軟な対応力などによって評価される、ビジネス効率性における評価項目の1つである〝経営プラクティス〟は63位と最下位です。ちなみに、日本は1989年から1992年までは総合順位第1位でした。今後日本の順位の上昇を期待したいところですが、世界の中での日本のプレゼンスの低下は受け入れざるを得ない事実です。

日本は、少子高齢化の加速、労働力人口の減少など、「超高齢化社会」という課題に直面しています。そのため、現役世代の労働力が減少し、日本の経済活動は鈍化すると考えられています。生産性の低下やイノベーションが起きにくくなるなどの影響も考えられ、経済成長は低迷するリスクがあります。今後は、豊富な労働力や、革新的な技術開発などが経済を牽引していく海外の成長を資産運用という手段で取り込んでいく選択肢をもつことも重要となります。

3. 資産形成のカギを握る分散投資

それでは、資産形成をする上で重要な点は何なのでしょうか。それは、「時間分散」「資産分散」「地域分散」の3つの分散に配慮することです。分散投資は資産運用に伴う価格変動リスクを低減させて、より高いリターンを目指す有効な方法です。

①時間分散

つみたてNISAによる投資が増加していることなどから、少額・定期定額の投資を行うことで、短期的な値下がりなどによる損失軽減のメリットを享受できている人が増加しているように見受けられます。「時間分散」を大きく味方につけることができる20〜30代の若年層の投資家が急増しているのも、頼もしいことです。

②資産分散

「株式」「債券」「不動産」など異なる値動きをする傾向のある資産を組み合わせることでリスクの軽減が期待されます。資産形成をする上で、リスクを比較的抑えた「守り」の投資と、余裕資金などを充てて多少のリスクを取りつつも高いリターンを得るための「攻め」の投資があります。すべてを「守り」の投資に配分すると、インフレ率を上回るようなリターンが得られないこともあります。そのため、「攻め」の投資では、指数との連動を目指す低コストのインデックス・ファンドだけでなく、指数を上回ることを目指し、企業調査や分析を徹底的に行い優良な銘柄を厳選するアクティブ・ファンドも、高いリターンを狙ったり、損失を抑制したりするための重要な選択肢になり得るでしょう。

③地域分散

投資対象の国・地域を分散することで、政治・経済状況の変化による資産の急激な値動きのリスクを軽減することが期待されます。昨今の公募投信の設定状況をみると、上位には「米国株式」「全米」「US」といったファンド名が並び、米国資産への投資が多い傾向にありました。NYダウと日経平均株価を30年間で比較すると、日経平均の約1・5倍に比べてNYダウは約10倍※という米国の力強さは相対的に魅力的です。また、米国の企業は認知度も高く、他の国と比較してもニュースや情報は入手しやすいため、身近に感じられるのかもしれません。米国にグループ本社をもつ弊社でも、米国の株式、債券、不動産に投資しているファンドが多くあります。

※ダウ工業株30種平均指数、日経平均株価（いずれも配当なし、現地通貨ベース） 期間：1992年12月末～2022年12月末。Bloombergのデータを基にインベスコにて算出。

一方2022年、世界を牽引していた米国のGAFAM（米国の大型テクノロジー企業である、アルファベット［Google］、アップル［Apple］、メタ・プラットフォームズ［Facebook］、アマゾン・ドット・コム［Amazon］、マイクロソフト［Microsoft］の5社を表す）の株価が下落しました。現在急成長の曲がり角に立つこれらの企業が次の一手を打ち、今後の株価が回復することを期待したいものですが、投資先としては、米国一辺倒ではなく、さらに広い地域分散を検討する必要が出てきたのかもしれません。日本経済は全体では低成長が続いていますが、優秀な日本企業が数多く存在することは事実であり、私たち日本人の誇りです。それら日本企業も当然のことながら世界株式投資の対象の一角を占めます。世界の広い地域に分散した世界株式の投資信託は資産形成のゴールにたどり着くためのエンジンの1つとして、個人では見つけづらい優良企業への投資を可能とし、これからの資産形成における選択肢の1つとなり得るのです。

column

日本の金融教育

先進国の金融教育の取り組みに関しては様々な調査報告がありますが、日本の金融教育はどのようになっているのでしょうか。2014年、日本証券業協会が事務局である金融経済教育を推進する研究会の「中学校・高等学校における金融経済教育の実態調査報告書」によると、中学1・2年生が受けた金融経済に関する教育の年間時間数で、「0時間」が5割超という結果となりました。中学3年生から高校3年生まででは、「1～5時間」が4～6割となります。この結果からもみえるように、学校教育の中では、一部の知識しか身に付けられない状況でした。

2022年度より、高校の新学習指導要領において家庭科の授業の中に「資産形成」が組み込まれ、金融教育がスタートしました。家計管理や生活設計の立て方、株式・

図表1-10　金融知識に関する設問の正答率
- OECD調査との比較

(%)

	日本	英国	ドイツ	フランス
知識(5問平均)	60	63	67	72
①金利	69	57	64	57
②複利	44	52	47	54
③インフレの定義	62	80	87	87
④リスクリターン	77	74	79	87
⑤分散投資	47	52	60	75

調査時期:2019年3月1日〜3月20日　調査対象:全国の18〜79歳の個人25,000人
出所:金融広報中央委員会「金融リテラシー調査2019年」の結果

債券・投資信託といった金融商品の特徴も学びます。金融庁でも、中学生や高校生が金融について学びやすい教材や動画コンテンツなどを用意しています。

図表1－10は海外と日本の金融知識に関する設問の正答率ですが、他の先進国と比較をすると日本の正答率はまだ低いというのが現状です。中学・高校における金融教育が始まり、長期的にこれらの正答率が向上されていくことを期待したいものです。金融知識が身に付くことで投資についての関心度が高まり、日本人の資産形成への積極参加が増加していくのではないでしょうか。

column

ゴールベース・アプローチ

資産形成において最近よく聞くようになった「ゴールベース・アプローチ」という言葉。これは、個人や家族の目標とする将来像を描き、それを実現するために逆算をして資産形成の計画を立てることを指します。〝老後が不安だからできる限り資産を増やさないといけない〟といった漠然とした目標だと、適切かつ具体的な計画を立てるのが難しく、また継続できないことが多いものです。

数年前に「老後資金2000万円問題」が注目されましたが、65歳の時点で2000万円がなくても問題ない人もいますし、1億円あっても不足する可能性がある人もいます。受け取る年金額、居住地や家族構成、現在の資産や相続の可能性など、様々な要因で老後に必要な資金は人によって異なります。

大切なことは、自分は将来どのような生活を送ると幸福を感じられるのかを思い描くことです。その生活にはどの程度の資金が必要になるかを計算し、現在の資産＋今後の予定収入を試算するのです。そうすることで、不足分については残りの年数を何％の利回りで運用すれば良いのかが見えてきます。

第2章

世界の成長を資産運用に取り込む

1．今こそ、世界株式に投資する意義

日本に住むほとんどの人は、日本円を使って生活し、円建ての資産を中心に保有しています。しかし、デフレからインフレ時代に転換した２０２０年代、インベスコは資産形成について見直す重要性を伝えたいと思っています。

そこでぜひ注目していただきたい選択肢の１つが、世界株式への投資です。「世界」といっても、もちろん日本を含めて「世界」です。日本だけでなく、また米国や欧州など特定の地域に絞り込まず、様々な国・地域にリスクを分散しながら世界経済全体の成長による利益を取り込むことが長期的に安定した資産形成に役立つと考えています。

本章では、世界株式になぜ今、目を向けるべきなのか、また世界株式に〝アクティブ運用〟を掛け合わせる資産形成について見ていきます。

「企業に投資する」ということ

世界には、私たちの生活を支える数多くの企業が存在します。世界銀行のデータによると、その数は日本・米国・欧州などの先進国で2万1615社、さらにインドや中国などの新興国を含む全世界で4万3248社にものぼります（2019年時点）。

株式を通じて企業に投資をするということは、私たちが資産形成のためのリターンを得ることだけを意味するのではありません。企業が発行する株式を通じて、投資先の企業が成長するために必要な資金を提供することも意味します。そして、私たちは投資した持ち分に応じて、配当などの利益（インカム・ゲイン）を受け取る権利を得て、購入した株式の売却による値上がり益（キャピタル・ゲイン）を獲得する機会も得ることになります。このように株式投資は、株式を通じて「企業に投資する」ことで社会・経済の発展に貢献する活動とみることもできます。

株式投資には様々な方法があります。例えば、最も身近な日本企業の株式に絞って投資を行うことも選択肢の1つです。しかし、世界という〝より広いフィールド〟から投資先企業を探した方が、有望な企業に投資できる機会が格段に増えます。特定の国・地域に絞るとその国・地域の経済や政治・社会情勢などに大きく左右される可能性も高まるため、リスク分散の観点からも投資の範囲を世界に広げることは有効な手段といえます。

世界株式への投資を各地域、業種の代表企業から分析する

世界には、どのような企業があるのでしょうか。図表2－1は、2022年12月末時点での世界各地域における、業種別の時価総額最大企業の一覧です。

世界最大のEコマース企業である米国のアマゾン・ドット・コム、iPhoneでおなじみのアップル、世界最大のラグジュアリーブランド企業であるフランスのLVMH、世界最大級の食品・飲料メーカーであるスイスのネスレなど、私たちの

図表2-1　業種別の時価総額最大企業

	米国	ROE	欧州	ROE	日本	ROE
コミュニケーション・サービス	アルファベット	21.3	ドイツテレコム（独）	19.6	日本電信電話（NTT）	11.6
一般消費財・サービス	アマゾン・ドット・コム	20.7	LVMH モエ・ヘネシー・ルイ・ヴィトン（仏）	22.4	トヨタ自動車	11.4
生活必需品	ウォルマート	20.6	ネスレ（スイス）	26.2	日本たばこ産業（JT）	13.3
エネルギー	エクソンモービル	12.4	シェル（英）	11.5	INPEX	5.8
金融	バークシャー・ハサウェイ	6.1	HSBC ホールディングス（英）	8.1	三菱UFJ フィナンシャル・グループ	6.3
ヘルスケア	ユナイテッドヘルス・グループ	25.3	ノボ・ノルディスク（デンマーク）	73.0	第一三共	7.7
資本財・サービス	ユナイテッド・パーセル・サービス（UPS）	218.8	シーメンス（独）	11.7	リクルートホールディングス	19.7
情報技術	アップル	100.3	ASML ホールディング（蘭）	34.8	キーエンス	13.8
素材	リンデ	10.2	リオ・ティント（英）	27.7	信越化学工業	12.9
不動産	プロロジス	4.1	ヴォノヴィア（独）	-0.8	三井不動産	6.6
公益	ネクステラ・エナジー	12.1	イベルドローラ（スペイン）	9.6	関西電力	8.8

出所:Bloomberg　ROEは、5年平均調整後ROE（2022年会計年度）。MSCIの国・地域別インデックスを使用、業種はGICS（世界産業分類基準）に準じています。2022年12月末の時価総額。上記は個別企業への投資を勧誘・推奨するものではありません。上記は過去のデータであり、将来の成果を保証するものではありません。

日々の生活を豊かにしてくれる世界的な企業が並びます。

ここでは企業の規模とともに収益力にも着目しています。ＲＯＥ（Return on Equity／自己資本利益率）とは企業の収益力を測る指標の１つで、企業が株主からの出資を受けた資金を使ってどれだけ効率的に利益を上げているかを示すものです。世界には、日本を代表する企業と比較しても、より高い収益力をもつ企業が存在します。世界に視野を広げることで、より有望な企業を発掘できる可能性が高まるといえるでしょう。

世界株式への投資によって得られるリターン

それでは実際に、世界に視野を広げて投資をすることでどのような収益が期待できるのかを見てみます。

まず、過去20年間のリターンを振り返ってみましょう。図表２－２は２００２年12月末からの20年間について、日本株式のみに投資した場合と、日本を含む世界株式に投資をした場合のリターンを比較しています。日本株式のみに投資をした場合でも３

図表2-2　世界株式と日本株式の過去20年のトータル・リターン

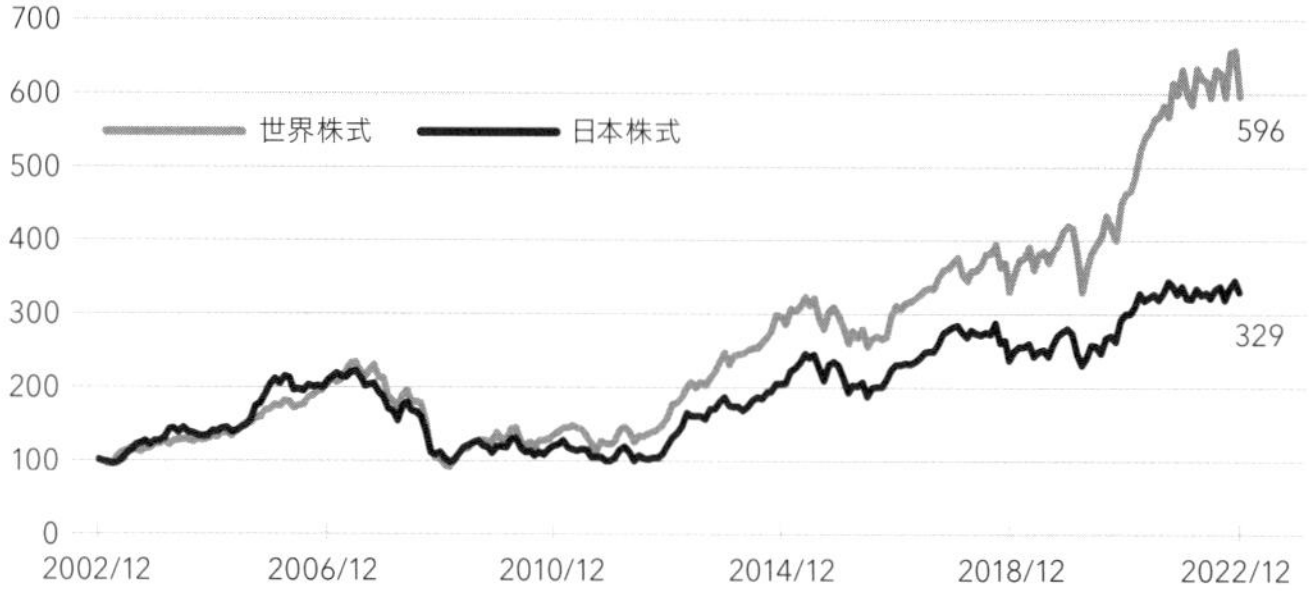

出所：Bloomberg　期間：2002年12月末~2022年12月末（2002年12月末を100として指数化）　世界株式：MSCIワールド・インデックスをインベスコにて円換算。日本株式：TOPIX。上記は過去のデータであり、将来の成果を保証するものではありません。

倍以上のリターンが実現していますが、世界株式は日本株式のみの場合のさらに約1・8倍のリターンとなっています。先ほど見た通り、世界には高い収益力を誇る企業が数多く存在していることもこの結果に影響している要因と考えられます。

一方で、20年間ずっと投資し続けた人は確かにこのリターンを得られたかもしれませんが、投資を始めるタイミングは人によって違うので実現したリターンも人によってまちまちではないかと考える方もいるでしょう。この疑問に答えるため、図表2－3(上)では、過去20年の株式市場において、世界株式に異なるタイミングで10年間投資した場合にどのようなリターンを得ることができたかをシミュレーションしました。

結果は、この期間の様々なタイミングで10年間投資をすることで平均年率約9・5%のリターン(円換算ベース)を実現できたということになります。最も高い収益を得られた期間は2011年12月末から2021年12月末までの10年間で、約18・0%でした。逆に結果が最も低かったのは2006年10月末から2016年10月末までの10年間ですが、この場合でも約3・3%のプラスの収益を実現しています。

過去20年の世界経済は、リーマン・ショック(2008年)、チャイナ・ショック(2015年)、コロナ・ショック(2020年)など、様々な危機に見舞われています。どのタイミングで投資を始めてもプラスのリターンが得られるという結果を意外と思われる方もいるかもしれません。市場危機の都度、株式市場は一時的には大幅に下落するものの、投資を継続することで市場の回復を捉えることができ、結果としてプラスの収益を実現できました。これこそが、長期投資の重要性を物語る結果といえそう

図表2-3　世界株式への10年間の投資によるリターンシミュレーション(年率)

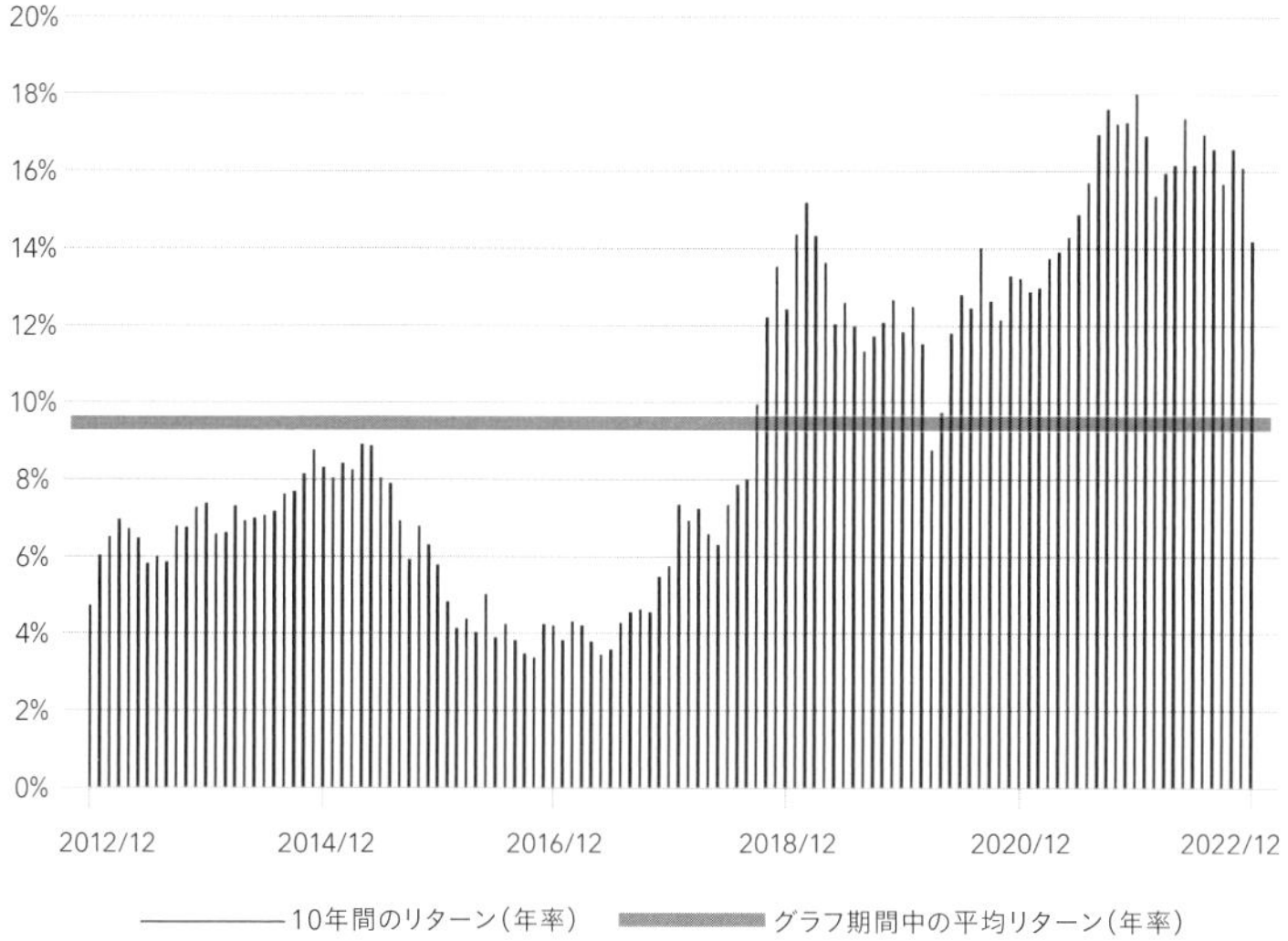

10年間投資した場合のリターン(年率)

	世界株式	日本株式
最大リターン	18.0%	13.0%
最低リターン	3.3%	-0.6%
平均リターン	9.5%	5.9%

出所：Bloombergのデータよりインベスコ作成　2002年12月末～2022年12月末のデータを使用。各月末から10年間投資した場合のトータル・リターン（年率）。世界株式：MSCIワールド・インデックスをインベスコにて円換算。日本株式：TOPIX。シミュレーションにあたっては、手数料、税金などの費用は考慮していません。上記は過去のデータを使用したシミュレーションであり、将来の成果を保証するものではありません。

です。

図表2－3（下）では、同様に日本株式で10年間投資したリターン（年率）を世界株式と比較しています。得られたリターンは平均で年率5・9％、最低水準となった2006年2月末から2016年2月末の期間のリターンはマイナスとなっています。

この結果は、世界の企業に投資対象を広げることで、為替リスクはありますが、より広範な収益力を捉えることができるため、リスクを分散しながら資産の成長を実現することの証左といえるでしょう。

2. なぜ世界株式は上昇するのか

ここまで世界株式は過去長期にわたってプラスのリターンをあげてきたことを確認してきました。しかし、そもそもなぜ株式は上昇するのでしょうか。また、その収益の源泉はどこからくるのでしょうか。

株式が長期的にプラスのリターンを生む理由は様々ありますが、ここでは株式のリターンを①利益成長、②配当、③バリュエーションの変化の3つの要素に分解して説明します（図表2－4）。

①利益成長

株式のリターンを構成する1つ目の要素は、企業の利益成長です。

図表2-4　株式リターンの構成要素

前述の通り、株式に投資をすることは投資先の企業が経済活動を行うための資金を提供し、資金面で応援することを意味します。企業は調達した資金を使って製品を作ったり、サービスを提供したりすることで利益の成長を目指します。企業が提供する製品やサービスを、私たち個人が消費したり、他の企業が購入したりすることから、企業の利益成長は世界経済の成長と密接に結びつきます。

図表２－５は、米国を例に企業の株式１株当たり利益であるＥＰＳ（Earnings Per Shares）と、１人当たりＧＤＰ（国内総生産）

図表2-5　企業の利益は経済とともに成長

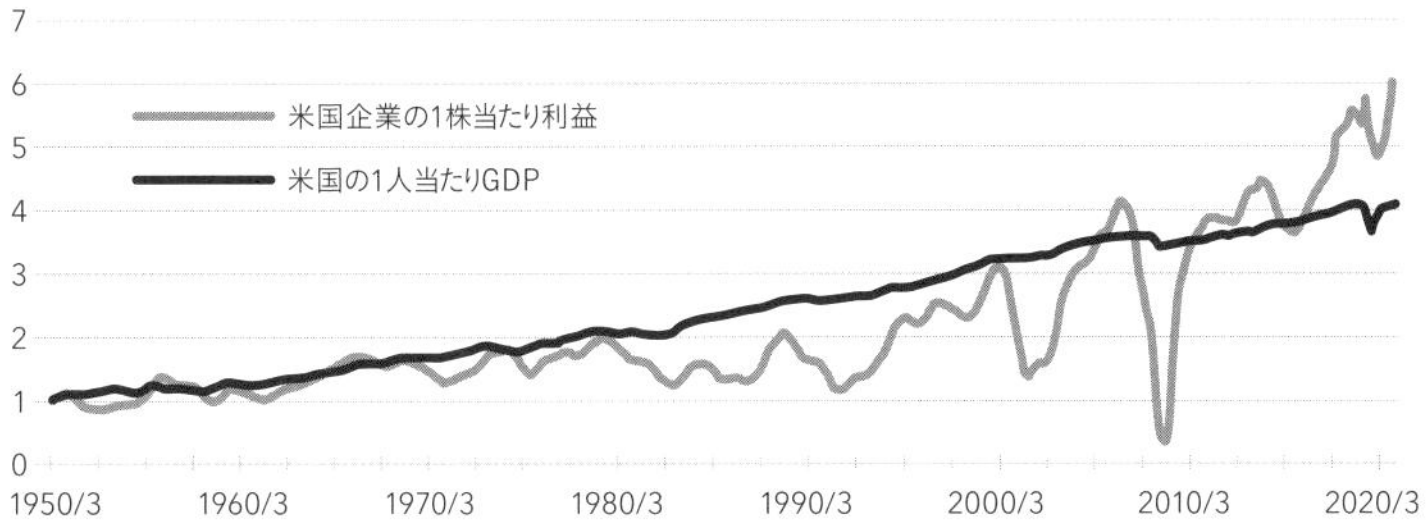

出所：Robert Shiller, FactSet, St. Louis Fed　期間：1950年3月～2021年9月（1950年3月を1として指数化）
米国企業：S&P500指数の構成企業。上記は過去のデータであり、将来の成果を保証するものではありません。

の長期トレンドを示しています。企業利益は、循環的な変動を繰り返しながらも、長期的には経済成長と歩調を合わせながら成長してきました。つまり、経済が長期的に成長を続ける限りにおいては利益成長もプラスとなり、株式のリターンにもプラスに寄与することが期待されます。

図表２－６では、世界の主要国・地域の企業の利益成長率を比較しています。過去５年については、米国や欧州の利益成長率は日本を上回っています。世界株式に投資をすることで、これら日本以外の国・地域の高い利益成長を取り込むこ

図表2-6　主要国・地域別企業利益成長率

S&P500指数（米国）	10.5%
MSCIヨーロッパ・インデックス（欧州）	5.4%
TOPIX（日本）	2.2%

出所：Bloomberg　2022年末時点。EPS（1株当たり純利益）の過去5年間の年平均成長率。上記は過去のデータであり、将来の成果を保証するものではありません。

とができるとともに、各地域の景気サイクルの影響を抑制する効果も期待されます。

②配当

株式のリターンを構成する2つ目の要素は、配当です。

多くの企業は製品を作り、サービスを提供して利益を得ると、四半期・半期など、定期的に配当を支払う等の株主還元を行います。

この企業による配当の特徴を示したのが図表2－7です。例として、米国企業の1株当たり利益と配当の推移を示しています。配当は企業が獲得した利益から拠出されるため、利益の成長とともに増加します。また利益成長と配当支払い額の変動性を比較すると、配当支払い額は相対的に変動が小さくなる傾向があります。例えば、2020年のコロナ・ショックの際には企業の利益は一時的に大きく落ち込んでいますが、配当の減額は小幅に止まっています。これは、配当政策は企業の経営陣による今後の業績への自信度を表す市場へのメッセージと捉えられることなどから、頻繁に変更されない傾向が見られます。そのため株式投資では、株価の値上がりによるリターン（キャピタル・ゲイン）は大きく変動しますが、配当などの収入（インカム・ゲイン）は安定的に推移する傾向があります。言い換えると、株価が下落しても企業が配当を支払う限りは、この要素は株式のリターンに対して常にプラスに寄与します。

企業の株主還元に対する姿勢は、米国で自社株買いを行う企業が増えるなど、各国で多様化しながら一段と強化される傾向にあります。世界株式に投資することは世界の企業の株主還元を受けるということでもあり、リターンの向上を図ることができます。

図表2-7　配当は企業利益の成長とともに増加

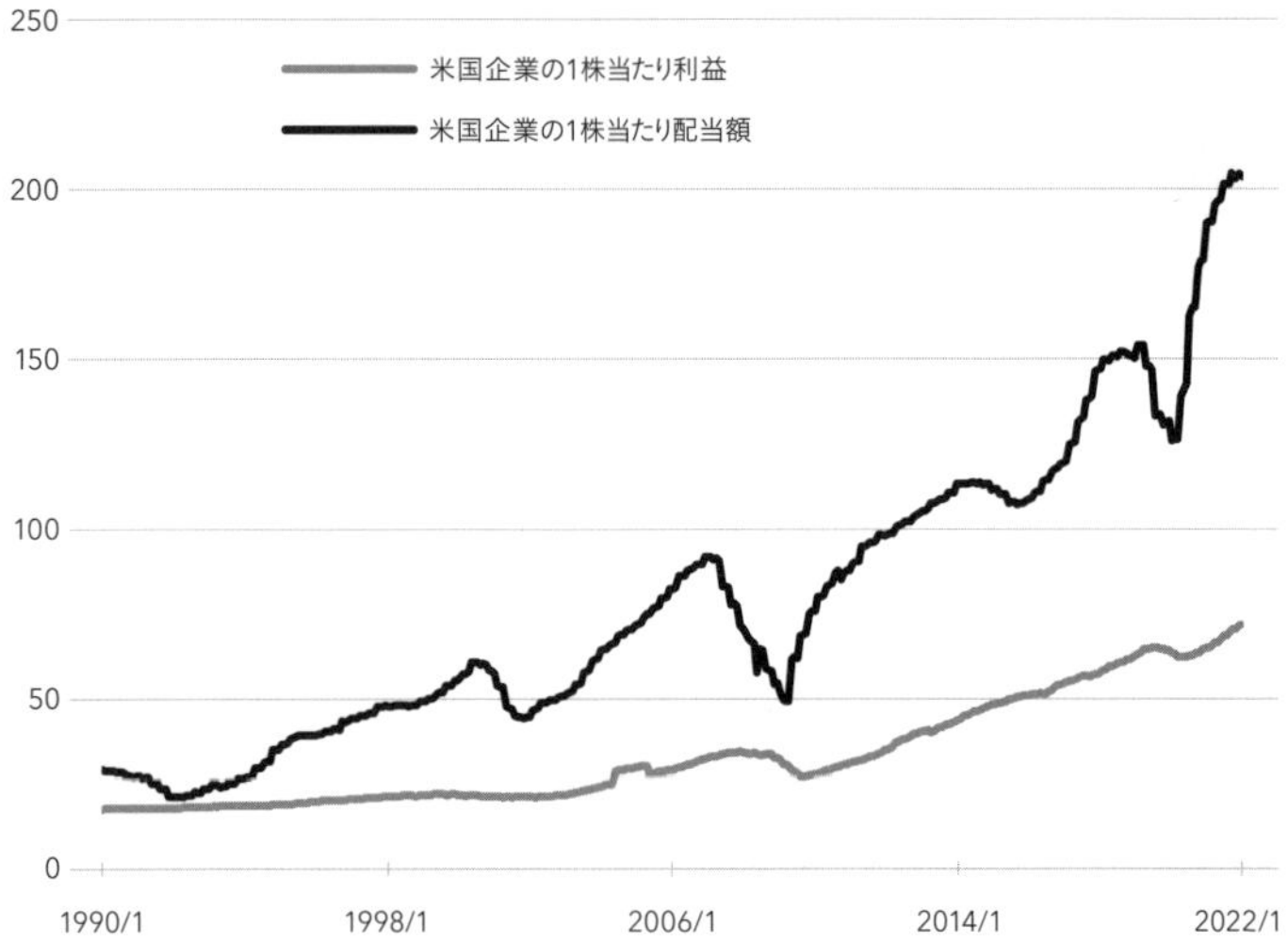

配当と利益の成長率

	配当	利益
グラフ期間の年間成長率の平均	5.8%	8.6%

出所：Bloomberg　期間：1990年1月末～2022年12月末　米ドルベース。米国企業：S&P500指数の構成企業。配当は、過去1年間の1株当たり税引き後配当額。上記は過去のデータであり、将来の成果を保証するものではありません。

③バリュエーションの変化

株式のリターンを構成する3つ目の要素は、バリュエーションの変化です。利益成長は利益追求、配当は株主還元という企業の活動そのものが生み出すリターンですが、株価バリュエーションの変化は少し性質が異なります。

バリュエーション（Valuation）とは、日本語で「評価」を意味します。つまり、企業の活動に対する投資家の評価が株価として表されます。評価が高まれば株価の上昇要因となり、評価が下がれば株価の下落要因となります。

日常生活の中で、商品やサービスを選択・購入する時のことを考えてみてください。例えばスマートフォンを買う時には、価格、デザイン、ブランド、ダウンロードできるアプリの豊富さなどを調べるでしょう。もしくは旅行先のホテルを選ぶ際は、価格、サービスや食事の質、アクセスの良さなどを確認してから決めるはずです。さらに、実際に購入や体験をした後に、良かったものについては高く評価し、良くなかったものがあれば、低評価を残すのではないでしょうか。投資家による株式の評価も同様です。企業の製品やサービスの競争力、ブランド力、経営陣の手腕などを分析し、株価を評価します。

株価を評価するにあたっては様々な指標が用いられますが、代表的なものとして企業の利益に対する株価の水準をみる株価収益率（PER／Price Earnings Ratio）があります。PERとは、株価を企業の1株当たり利益で割ることで算出される指標です。株価1株当たり利益の何倍で買われているかを示しており、このPERの値が大きくなると、企業の利益水準に対して高い株価になるため「バリュエーションが上昇する」あるいは「割高になる」と表現します。一方PERの値が小さくなると、企業の利益水準に対して低い株価になるため「バリュエーションが低下する」あるいは「割安になる」と表現します。

企業の活動に対する投資家の評価は一定ではなく、PERなどのバリュエーションが変化する要因は様々です。そのためバリュエーションの変化は利益成長や配当とは異なり、プラスに動くか、マイナスに動くかがタイミングに左右されやすい要素となります。

バリュエーションが変化する要因

バリュエーションは、どのような要因で割高になったり、割安になったりするのでしょうか。

個別株のバリュエーションは企業の競争力、成長性、安定性などが影響を与えますが、株式市場全体のバリュエーションには金利が大きな影響を与えます。図表2－8は、米国の代表的な株価指数であるS＆P500指数のPERと、米国の中央銀行にあたるFRB（米連邦準備制度理事会）の政策金利であるフェデラル・ファンド・レート（FF金利）の推移です。金利が低水準にあるときはバリュエーションが上昇する一方、金利が引き上げられるとバリュエーションが低下する関係性がみられます。

バリュエーションが金利水準の影響を受ける理由は、投資家の投資行動が金利とともに変化するからです。一般に金利水準が高い時はバリュエーションが低下する傾向があります。それは、低リスクで安定的にインカムを得られる預金や債券などの資産のインカム水準が相対的に高まり、価格変動リスクの高い株式に対する需要が減るためです。逆に金利水準が低い時は、バリュエーションが上昇する傾向にあります。それは、価格変動リスクは高くても配当や値上がり益を追求できる株式に投資することにより、目標とするリターン水準を達成しようとするためです。

過去を振り返ると、２０１１年から２０２１年の10年間にわたってバリュエーションは上昇してきましたが、その背景には２００８年のリーマン・ショック以降、２０２０年のコロナ・ショックを経て、ほぼ一貫して超低金利政策が継続した結果、預金や債券から十分なインカム水準が得られない環境にあったことが強く影響していると考えられます。しかし、その後のコロナ・ショックからの景気回復、ロシアによるウクライナ侵攻などを受けたインフレ率の高騰に対応して世界各国の中央銀行が政策金利を引き上げたため、バリュエーションは低下しています。

図表2-8　株価バリュエーションと政策金利の推移

出所：Bloomberg　期間：1991年1月末〜2022年12月末　米国株式：S&P500指数。米国の政策金利：FF金利の誘導目標。上記は過去のデータであり、将来の成果を保証するものではありません。

今後バリュエーションはどのように変化するか

今後のバリュエーションの変化を占う上で、おさえておくべきポイントは２つあります。それは、金利の見通しと、バリュエーションの平均水準への回帰です。

今後再び金利が低下すればバリュエーションの上昇が期待されますが、インフレ率が高止まりする中、早期に以前のような超低金利環境への逆戻りを期待することは難しいと読む人も多いでしょう。

また、バリュエーションは一方的に上昇し続けたり下落し続けたりすることはな

図表2-9　平均回帰するバリュエーション

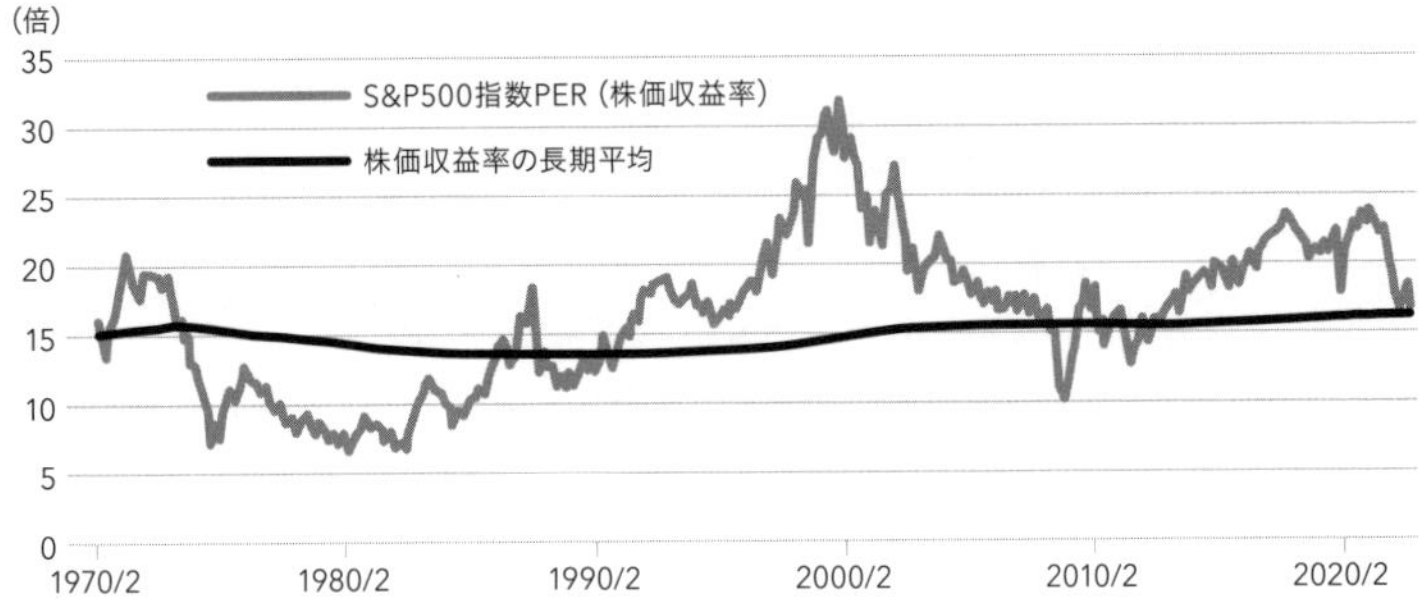

出所：Robert Shiller, FactSet　期間：1970年2月末～2022年12月末　上記は過去のデータであり、将来の成果を保証するものではありません。

く、長期で見ると、いずれ平均的な水準に回帰していくという傾向があります。これは株式が割高になりすぎると株式の魅力が低下して株式を売る動きが広まり、逆に株式が割安になりすぎると買い戻しの動きが広まるためです。

図表2－9はS&P500指数のPERの推移と長期平均を示しますが、PERの平均回帰を確認できます。2022年のPER水準はほぼ長期平均に近く、割高でも割安でもない水準です。今後も金利が下がりづらい状況を前提とすると、バリュエーションが長期平均に

近い現状では、この先のバリュエーションが過去のように大きく上昇する局面が想定しづらく、株式のリターンへの影響は以前と比べると小さくなるといえるかもしれません。したがって、今後の株式のリターンにおいては利益成長と配当が牽引役となることが予想されます。

今後の株式の期待リターン

ここまで、株式のリターンを①利益成長、②配当、③バリュエーションの変化の3つの要素に分解してみてみましたが、結局今後の期待リターンはどのように考えれば良いのでしょうか。ここでは各要素を以下の方法で推計し、積み上げることで今後10年の株式の期待リターンを計測します。

・利益成長：過去の長期での平均一人当たり実質GDPの成長率、インフレ率から推定。

・配当（配当利回り）：１株当たり配当金を株価で割った値。また米国の企業については自社株買いによる株主還元が重視されていることから発行済株式数の変化を考慮。

・バリュエーションの変化：金利水準などを考慮した株価収益率（ＰＥＲ）が長期的に収束する水準を推計し、現在のＰＥＲがその推計値に回帰することによる株価の変化を推定。

２０２２年12月末時点のデータを用いて米国・欧州・日本そして世界の株式の今後10年の期待リターンを推計しました（図表２－10）。米国・欧州はそれぞれ年率約７・２％、約５・８％と、日本の約２・７％と比較して高いリターンが予測されます。期待リターンに貢献している要素の内訳を見ると、経済の成長力が強い米国では利益成長の寄与が大きく（７・16％のうち４・13％）、一方、伝統的に配当による株主還元が重視される欧州では配当の寄与が大きくなっています（５・83％のうち３・15％）。期待リターン全体では米国の方が高いですが、欧州の方が期待リターン全体に占める配当の

図表2-10　2023〜2032年の期待リターンの推計(年率)

地域	期待リターン	利益成長	配当	バリュエーションの変化
米国(S&P500指数)	7.16%	4.13%	2.91%	0.12%
欧州(MSCIヨーロッパ・インデックス)	5.83%	3.13%	3.15%	-0.45%
日本(MSCI日本インデックス)	2.68%	0.69%	2.59%	-0.60%
世界(MSCI ACWI)	6.86%	3.89%	3.00%	-0.03%

出所:インベスコ　2022年12月末時点　現地通貨ベース。シミュレーションにあたっては、手数料、税金などの費用は考慮していません。上記は過去のデータを使用したシミュレーションであり、将来の成果を保証するものではありません。

割合が大きいことから、よりインカムを中心とした安定的なリターンが期待できるといえるかもしれません。日本の株式の期待リターンが見劣りするのはこの2つの要素が米国・欧州に比べて低いためで、ここに日本企業が抱える、成長戦略と株主還元といった課題が浮き彫りになっているとも考えられます。

どの地域でもバリュエーションの変化による寄与が小さいことが共通しているのは特徴的です。各地域とも足元のバリュエーションが長期の平均的な水準に近く、割安でも割高でもないためです。

米国・欧州・日本の各地域を含む、世

界株式ではどうでしょうか。世界全体での期待リターンは年率で約6・9%となっており、利益成長と配当の2つの要素がバランス良く寄与しています。世界株式に投資を行うことで米国の成長力と欧州の安定したインカムの両方を取り込む効果が期待できます。

3．どのように世界株式に投資するべきか ――アクティブ運用の重要性

本章のまとめとして、どのような方法で世界株式に投資をするのが良いかをみていきましょう。まず、主な方法を3つ紹介します（図表2－11）。

1つ目の個別株投資は、投資家個人が銘柄を選んで投資をする方法です。自分で好きな銘柄を自由に選べることが最大のメリットですが、一方で世界の数多くの銘柄から投資する銘柄を決めることは容易ではなく、必ずしも万人向けとはいえません。銘柄選択のための時間や情報を十分に得られなかったり、最小購入単位が定められるため投資資金の不足により十分に銘柄分散ができないことが懸念されます。

2つ目のインデックス・ファンドへの投資は、S＆P500指数やMSCIワール

図表2-11 世界株式の主な投資方法

	1. 個別株投資	2. インデックス・ファンド投資	3. アクティブ・ファンド投資
投資方法	投資家が個別株を選択して投資する	市場全体の値動きを示すインデックスに連動するファンドに投資する	専門家であるポートフォリオ・マネジャーが銘柄を選択したファンドに投資する
主なメリット	投資をする銘柄は、自分で自由に選ぶことができる	広範な銘柄に分散投資できる コストが低い	ポートフォリオ・マネジャーが高い魅力があると判断した銘柄に投資できる
主な懸念点	多くの銘柄に投資を行うことが難しく、銘柄分散に限界がある	個別株それぞれの魅力には関係なく、指数を構成するすべての銘柄に投資する	ポートフォリオ・マネジャーの銘柄選択能力に依存する インデックス・ファンドと比較してコストが高い

出所：インベスコ

ド・インデックスなどの、株式指数に連動するファンドを購入するものです。インデックス運用では、原則として指数を構成するすべての銘柄を指数と同じ配分比率で購入していきます。インデックス運用はインデックスの構成にしたがって運用を行うことから「パッシブ運用」(Passive／受け身）とも呼ばれます。低コストで数百から数千の銘柄に分散投資を行うことのできる点がメリットでしょう。

特徴として、指数の多くは時価総額に応じて配分比率を決めることから、一般的にインデックス運用では時価総額が大きい銘柄が多く組み入れられることになります。一方で、インデックス運用というパッシブな特性上、一般的に将来の株式リターンを左右する企業の成長性や配当などの株主還元姿勢、バリュエーション評価は行われていません。

3つ目のアクティブ・ファンドへの投資は、ポートフォリオ・マネジャーと呼ばれる専門家が銘柄を選択して構成したファンドを購入するものです。インデックス運用と異なり、ポートフォリオ・マネジャーが個別銘柄の投資魅力度を評価し、リスク面を考慮しながら配分比率を決めていきます。個々の銘柄の調査を徹底的に行った上で投資を決定することから運用報酬などのコストがインデックス運用と比べて高くなりますが、メリットとして、インデックスよりも高いリターンを狙ったり、下落時の損失を抑えたりすることが期待できます。

そして、何を選択するべきか

では、これらの中からどの方法を選択するべきでしょうか。個別株投資は情報収集やリスク面から上級者向けであるため、これから投資を始めようとする方や投資経験が浅い方は、投資信託（ファンド）から検討するというのが選択肢の1つです。もちろん、個別株保有者もリスク分散の観点から投資信託を併せ持つことが有効な手段といえるでしょう。

次に、インデックス・ファンドとアクティブ・ファンドのどちらをみると良いかですが、米バンガード・グループの創業者、ジョン・ボーグル氏の投資哲学に代表されるように、長期投資においては低コストのインデックス運用が最良の方法であるという考え方が広まっています。

低金利環境が株式市場全体の追い風となり、ほぼ一貫して上昇相場が続いた

2011〜2021年までの約10年間は、多くのアクティブ・ファンドのパフォーマンスがインデックス・ファンドに劣後する結果となりました。投資の拡大を後押しする政策が各国で取り入れられた時期と重なることもあって、インデックス・ファンドが圧倒的に人気でした。しかし、この先の世界の未来、投資の未来を考える上では、この間に生じたインデックスの構成変化にも注目しておく必要があるでしょう。

インデックス運用の特徴は、指数を構成するすべての銘柄を指数の構成比率に応じて購入するという点です。仮に個々の銘柄のバリュエーションが割高になっても、その結果時価総額が増えてインデックス内の構成比率が高まれば、機械的に配分を増やすことになります。過去10年間においては「GAFA」もしくは「GAFAM」と呼ばれる米国の大型テクノロジー企業に投資資金が集中し、情報技術セクターのバリュエーション上昇が指数全体のバリュエーション上昇を牽引しました。

S&P500指数の業種別のバリュエーションの変化をPERで表したのが図表2-12です。情報技術セクターのPERは過去10年間で14・2倍から24・0倍へ約7割上昇し、指数全体のPERも14・4倍から18・7倍へと約3割上昇しました。

図表2-12　米国株式の業種別バリュエーション（PER）の変化

	S&P500指数	情報技術	一般消費財・サービス	コミュニケーション・サービス	資本財・サービス	素材	エネルギー	生活必需品	ヘルスケア	公共事業	金融	不動産
2012年	14.4	14.2	17.8	21.8	14.5	16.1	11.7	16.1	16.1	14.1	11.8	—
2022年	18.7	24.0	25.7	14.8	21.6	14.2	8.3	22.4	19.6	21.2	14.2	32.3
変化率	29.7%	69.1%	44.4%	-32.1%	49.4%	-11.9%	-29.0%	38.9%	21.9%	50.3%	20.3%	—

出所：Bloomberg　各年末時点。米国株式：S&P500指数。業種はGICS（世界産業分類基準）に準じています。単位：倍。上記は過去のデータであり、将来の成果を保証するものではありません。

過去10年間のGAFAMブームの影響は、米国株式だけでなく、世界株式の指数の構成にも影響を及ぼしています。

図表2－13は、MSCIワールド・インデックスの過去の上位10銘柄の構成比率を示したものです。上位10銘柄が指数全体に占める割合は2012年の約10％から、最大で2021年の約19％と膨らみ、時価総額の大きい銘柄が指数のおおよそ5分の1を占めるまでに上昇しました。業種別の構成比率も、10年前は約12％であった情報技術セクターが2021年には約24％（最大時点）となり、

図表2-13　世界株式指数上位10銘柄、上位5業種、上位5ヵ国・地域

	2012年		2020年		2021年		2022年	
上位10銘柄比率	10.2%		17.0%		19.2%		15.7%	
1	アップル	2.0	アップル	4.4	アップル	4.7	アップル	4.2
2	エクソンモービル	1.6	マイクロソフト	3.1	マイクロソフト	3.9	マイクロソフト	3.4
3	ゼネラル・エレクトリック（GE）	0.9	アマゾン・ドット・コム	2.7	アマゾン・ドット・コム	2.5	アマゾン・ドット・コム	1.6
4	シェブロン	0.9	メタ・プラットフォームズ	1.3	テスラ	1.4	アルファベット（CLASS A）	1.1
5	ネスレ	0.8	アルファベット（CLASS A）	1.0	アルファベット（CLASS A）	1.4	ユナイテッドヘルス・グループ	1.0
6	IBM	0.8	テスラ	1.0	アルファベット（CLASS C）	1.3	アルファベット（CLASS C）	1.0
7	マイクロソフト	0.8	アルファベット（CLASS C）	1.0	メタ・プラットフォームズ	1.3	ジョンソン・エンド・ジョンソン（J&J）	0.9
8	AT&T	0.8	ジョンソン・エンド・ジョンソン（J&J）	0.8	エヌビディア	1.2	エリクソンモービル	0.9
9	ジョンソン・エンド・ジョンソン（J&J）	0.8	JPモルガン・チェース・アンド・カンパニー	0.8	ユナイテッドヘルス・グループ	0.8	バークシャー・ハサウェイ	0.8
10	HSBCホールディングス	0.8	ビザ	0.7	JPモルガン・チェース・アンド・カンパニー	0.8	JPモルガン・チェース・アンド・カンパニー	0.8

	2012年		2020年		2021年		2022年	
1	金融	20.3	情報技術	22.1	情報技術	23.7	情報技術	20.1
2	情報技術	11.9	ヘルスケア	13.0	金融	13.2	ヘルスケア	14.5
3	一般消費財・サービス	11.1	金融	12.8	ヘルスケア	12.6	金融	14.3
4	資本財・サービス	11.0	一般消費財・サービス	12.2	一般消費財・サービス	12.3	資本財・サービス	10.7
5	ヘルスケア	10.3	資本財・サービス	10.5	資本財・サービス	10.2	一般消費財・サービス	10.0

	2012年		2020年		2021年		2022年	
1	米国	51.8	米国	64.5	米国	67.5	米国	66.4
2	英国	9.2	日本	7.8	日本	6.3	日本	6.3
3	日本	8.8	英国	4.2	英国	3.9	英国	4.4
4	カナダ	4.8	フランス	3.3	カナダ	3.4	カナダ	3.6
5	フランス	4.1	スイス	3.3	スイス	3.2	スイス	3.3

出所：Bloomberg　各年末時点。世界株式：MSCIワールド・インデックス。国・地域はMSCIによるもの、業種はGICS（世界産業分類基準）に準じています。四捨五入の関係上、個別銘柄の比率の合計が上位10銘柄の比率と一致しないことがあります。上記は個別銘柄への投資を勧誘・推奨するものではありません。上記は過去のデータであり、将来の成果を保証するものではありません。

約2倍です。さらに、投資対象国・地域も米国株式の比率が上昇しています。世界株式指数における米国株式の比率は約52％（2012年末時点）であったのが、10年後には約66％（2022年末時点）となりました。このような構成比率の変化はインデックス運用に直接的な影響を与えます。多くの銘柄を組み込むはずのインデックス運用でも、業種別では情報技術に、国別では米国に大きな偏りが発生しています。

◆

2022年までの10年間を振り返ると、2008年のリーマン・ショック後、2020年のコロナ・ショックも経て、長年超低金利環境が続いた異例の市場環境であったことから市場全体で米国の情報技術セクターを中心にバリュエーションの上昇が続く展開となりました。

しかし、こうした異例の金融環境下で発生したこの状況は金融環境が正常に戻るにつれて変化し、バリュエーションも長期の平均水準に回帰しつつあります。

今後金利が高止まりする環境の下では、株式の期待リターンにおいてバリュエーションの上昇よりも利益成長や配当が中心的な役割を果たすとの前提に立つと、日本を含めた世界の企業の中から優れた成長戦略と株主還元姿勢をもつ企業を、徹底的な調査・分析によって厳選するアクティブ運用の重要性が一段と高まってくるといえるのではないでしょうか。

第3章

世界のベストを追求する

本章では世界の株式の中から銘柄を厳選するアクティブ運用について、実際のファンドを例に取り上げ、プロの運用者は何を考え、どのように投資を行っているのかを具体的に紹介します。

1．運用拠点、英国・ヘンリー

世界株式を運用するインベスコの主要拠点が英国にあります。英国にあると聞くと歴史的な金融街であるロンドンを想像する方が多いかもしれません。しかし、インベスコの株式運用の拠点はロンドンから西に約60㎞、電車で1時間半ほど離れたオックスフォード近郊のヘンリー・オン・テムズというのどかな場所にあります。

町の中心部をテムズ川がゆったりと流れ、鴨やリス、時には孔雀が優雅に散歩をする姿を目にするほど自然豊かな風景が広がります。人口約1・2万人のこぢんまりとしたこの町の中心街は端から端まで歩いても15分程で、多くのパブやレストラン、ア

図表3-1　インベスコ ヘンリー拠点

出所：インベスコ

ヘンリー・オン・テムズ　町の様子

ンティークショップなどの小さなお店が集まっています。平日は地元の住人やインベスコの社員以外をあまり見かけることのない静かな町ですが、週末になると様子はがらりと変わります。それは、ヘンリーがヨーロッパ最古のボートレース「ヘンリー・ロイヤル・レガッタ」の開催地として大変よく知られているからです。まだ日が昇ったばかりの朝早くから、テムズ川をボートが行き交います。

レガッタ（Regatta）とは、ボート、ヨット、カヌーなど電動モーターのない船を複数人で漕ぎ競い合うボートレースです。上流階級のスポーツとして普及し、オックスフォード大学やケンブリッジ大学など名門大学でもボート部が次々と創設されるなど200年近く愛されてきました。学生や社会人などのアマチュアによるボート競技会が多いものの、厳格なスケジュールやルールに則って開催される公式大会もあります。世界的に最も有名なのが、1839年から第一次・第二次世界大戦の期間とコロナ禍の2020年を除いて毎年開催されている「ヘンリー・ロイヤル・レガッタ」です。

英国においては、テニスのウィンブルドン選手権、ゴルフの全英オープン、競馬のロイヤルアスコットと並び、夏の社交界・スポーツ界最大のイベントと位置づけられて

レガッタの様子

います。

例年6月最終週に開催されるこの大会に出場するために、世界中から競技者が集まります。男子一般、女子一般、学生、ジュニアなど25を超える部門で300以上の対抗戦が繰り広げられ、全長1マイル550ヤード（約2・1㎞）の距離をどのチームもたった7分前後で漕ぎ抜けます。その走破タイム、中間点通過タイム、ゴールの着差などを競う試合が6日間続く大規模な大会です。

伝統的に社交を楽しむ場としても親しまれており、大会期間中の観客数は30万人を超え、まさにお祭りさながらです。

飲食を楽しめる特設テントが川の両脇に連なり、多くの人がシャンパンを片手に声援を送ったり、おしゃべりを楽しんだりと賑やかに盛り上がります。最も格式高い会員制の観戦場では、女性は膝下丈のドレスやスーツ、男性はボウタイと襟付きジャケットなどとドレスコードが決められており、ドレスアップした観客達で大変華やかな雰囲気となります。この他にも、会場である川沿いにレジャーシートを広げ、ピクニックをしながらカジュアルに観戦を楽しむ人々があふれます。

このように夏を中心に大きな賑わいを見せるヘンリーですが、もともと英国貴族やロンドンで成功した商人などが好んで別荘を建てたテムズ川上流の一帯であり、その閑静な住宅街には、現在も有名俳優、アーティスト、政治家などの邸宅が立ち並びます。多くの英国人に愛され続けている豊かな地域の1つといえます。

パーペチュアル社とマーティン・アビブ卿

ヘンリーで働くインベスコの社員も皆この場所を愛し、この環境は日々の資産運用

1年を通し、川沿いには多くの人が集う

業務にもポジティブな影響をもたらします。都会の喧騒から距離を置くことで、短期的な、場合によっては過剰ともいえる情報の波を遮断し、長期的な目線と柔軟な思考をもって投資と向き合うことができるのです。

インベスコ・ヘンリー拠点の歴史は、1973年まで遡ります。英国生まれのマーティン・アビブ卿(Sir Martyn Arbib)は34歳の時に、ヘンリー中心部の小さな建物でパーペチュアル社※を創業しました。マーティンはロンドンで公認会計士としてのキャリアを積む傍ら、株式を中心とした自身の資産形成で成功していました。

その才能を知る友人たちから資産を運用してほしいと切望され、資産運用会社を立ち上げることにしたのです。当時、高インフレや金利上昇により株式市場が大きく落ち込んだ際に、多くの投資家が短期的な感情に左右される資産運用を行っていることを目の当たりにし、長期的な資産運用の重要性を感じていたことも背景にありました。

※1973年当時はCharvine Finance Limited、1974年にPerpetual Trustee Company Limitedへ社名変更後、1987年よりPerpetual Limited（パーペチュアル・リミテッド）。

1974年、マーティンは自社初の投資信託「ザ・グロース・ファンド」の運用を130万ポンドの規模で開始しました。1979年には2つ目の投資信託となる「ザ・インカム・ファンド」も立ち上げ、その優れたパフォーマンスから同ファンドは2年後にマネー・オブザーバー（現インタラクティブ・インベスター）の年間最優秀インカム・ファンドに選ばれました。※

※Best Income Trust of the Year, Money Observer, 1981

マーティンは、投資理念として創業当時から成長と割安という評価軸をもっており、企業のファンダメンタルズ分析にも定評がありました。着実にリターンを獲得するため「徹底した企業調査・分析に基づき、適正な価格で購入できると判断した時には、ためらわずに買う」という運用スタイルを一貫して続けました。彼は複数の市場にリスクを分散するという観点から特に世界株式に注力し、自分の目で割安な株価となっている企業を発掘するため、頻繁に海外市場の調査へ出かけました。関心ある企業の調査資料をすべてスーツケースに詰めては、日本や豪州、米国へ旅立ったのです。徹底的な企業調査に基づいた投資判断が良好なパフォーマンスにつながったことに加えて、資産運用業界の拡大トレンドも追い風となり、パーペチュアル社は急速に成長していきました。

続けてオフショア・グロース・ファンド、米国グロース・ファンドなど次々と新ファンドを立ち上げていく中、1983年には、第1号ファンドである「ザ・グロース・ファンド」の運用開始来のパフォーマンスが1000%を超えました。この頃には運用資産総額が1・2億ポンドを記録し、創業から10年程で、その高い運用力が広く注目を集めるようになったのです。

パーペチュアル社が英国株式市場に上場を果たした1987年、英国政府はパーソナル・エクイティ・プラン（PEP）の構想を発表しました。これは英国の18歳以上の人々に英国企業へ投資することを後押しする政策で、一部の株式と投資信託の利益が非課税となりました。PEPは1999年にインディビジュアル・セービング・アカウント（ISA）に置き換わり、これが日本のNISAのモデルともなりました。PEPの導入により英国民の投資は加速し、本制度の上限額も年々引き上げられていきました。

パーペチュアル社はこれらPEPとISAからの資金導入により、1989年9月末時点で運用総額が5億ポンドを超え、約7万5千人の個人投資家や機関投資家の資金を運用するまでに発展し、サンデー・タイムズ紙が選ぶこの年の年間最優秀運用会社賞やほか複数の表彰を受けました。12月17日号のオブザーバー紙は、同紙が年間最優秀運用会社に選出したパーペチュアル社を称え、「高いモチベーションで運用するパーペチュアル社のポートフォリオ・マネジャー陣がこのパフォーマンスを発揮できたのは、高いボラティリティ環境によるものだけではない。マーティン・アビブ会長が常に説くように〝投資成果を享受する秘訣は世界株式を長期保有すること〟を実践したからだ」と紹介しました。※

※International Manager of the Year, The Sunday Times, 1989
Unit Trust Manager of the Year, The Observer, 1989

1990年のサンデータイムズ紙のインタビューで、マーティンは「オフィスの立地に大きな意味がある」と話しています。「ヘンリーは、ポートフォリオ・マネジャーが手腕を発揮するためにこの上ない場所なのです。私たちは会社の型にはめるのではなく、一人ひとりのスタイルを尊重することを大切にしています。例えば、弊社の米国株式運用マネジャーの一人は保険数理士です。細部に目が行き届くのは、彼のこれまでのキャリアがあってのことでしょう。また、アジアを専門に担当する運用者は、

テムズ川に架かり、町を象徴するヘンリー橋

毎日自宅からの8㎞の距離を走って往復しています。朝8時半に日本の証券会社の担当者と電話しているかと思えば、お昼を過ぎてもランニング・ウェアのまま働いています。この柔軟さは、ロンドンの金融街では見ることのない光景でしょう」

創業から15年経ち、誰一人として退職した運用者がいない点もユニークであり、その理由を次のように説明しました。

「私たちの低層オフィスの一辺はテムズ川に面しています。高層ビル内のオフィスフロアで仕事をしているのとは、環境が大きく異なります。この広大な自然に囲まれた静かな環境の中にいることで、思考が研ぎ澄まされるのです」

１９９０年には、運用を行うファンド数が17本となりましたが、どのファンドも約50の銘柄で構成されていました。徹底的な調査で厳選した企業の株式のみに投資を行い、一度買った後はじっくりと保有を継続する〝パーペチュアル流〟をずっと続けてきたのです。

パーペチュアル社の運用するファンドはその優れたパフォーマンスにより、毎年新聞社などから数々の賞を授与され、１９９７年末には運用資産総額が41億ポンドを記録するまでに拡大しました。また、約半分がＰＥＰを活用した個人投資家からの資金であったことから、口座数は約51万口座まで膨らみ、ＰＥＰでのファンド運用資産総額は全英トップの規模に達しました。

１９９８年11月6日、パーペチュアル社は本社を移転しました。「パーペチュアル・パーク」と名付けられた新本社は、現在のインベスコ・ヘンリー拠点となっている建物です。その開所式にはエリザベス女王陛下も来所し、社員もヘンリーの町も大変な盛り上がりとなりました。エリザベス女王陛下は訪問者名簿に記帳した後に、マー

写真上＝英国・ヘンリー拠点のオフィス／写真下＝開放的なエントランス

ティンの案内でオフィスを見学され、エントランスでのティー・セレモニーで多くの社員と言葉を交わされたという記録が残っています。

2000年秋、パーペチュアル社はさらに広く世界へ展開するため、資産運用業界におけるグローバル・プレイヤーとして定評のある、米国アトランタに本拠地を置くインベスコと合併しました。合併後もヘンリー拠点はインベスコの欧州エリアの中心拠点として機能し、また、成長と割安の観点から投資企業を厳選するパーペチュアル社時代からの投資スタイルが今も受け継がれています。

アマダブラムという象徴

パーペチュアル社の精神を表すものとして、インベスコのロゴの一部としても採用された「アマダブラム」があります。アマダブラムは、ネパール・クーンブ渓谷の、エベレストの真南にそびえる孤高の山です。別名「母の首飾り」と呼ばれ、ヒマラヤ山脈で最も優美な山ともいわれています。氷の剣を思わせるピラミッド型の頂は標高

ヒマラヤ山脈の中でも、一際目立つアマダブラムの姿

6700mを超え、威厳に満ちたその姿は、遠くからでもすぐに見つけることができるものです。

1981年にパーペチュアルの「力強さ」「堅実性」「耐久力」を示す象徴となったこのアマダブラムの姿は、2007年にインベスコのロゴの一部となり、資産運用会社インベスコの「伝統」「一貫性」「持続力」「歴史」を視覚的に表し、「高い品質の資産運用」「優れた長期パフォーマンス」を象徴する存在となっています。

入念な準備をして一歩ずつ着実に山を登るように、資産運用も、入念な準備で一歩ずつ着実に進めながら頂上を目指そうというメッセージが込められていたのです。

2．ヘンリー拠点の運用体制

話を現在のインベスコ、ヘンリー拠点に戻しましょう。１９９8年のパーペチュアル社時代に開所したオフィスには、現在約６００名が勤務し、インベスコの欧州エリアにおける運用の中心拠点となっています。広い芝生の庭と赤レンガの建物の組み合わせは大学の学び舎のような趣で、愛称として「キャンパス」と呼ばれています。

インベスコの世界のオフィスの中でも主要な運用拠点となるヘンリーには、地域別に株式・債券・マルチアセットの各資産別の運用チームが在籍し、世界全域をカバーしています。各運用チームの人数は、効率的かつ効果的な議論や投資判断を行うのに適正と考える10~20名程度に保たれていることが特徴です。

また、株式チームは英国、欧州、グローバル、アジア・新興国の4地域に分かれていますが、メンバー全員がジェネラリストであることも大きな特徴です。多くの資産

図表3-2　インベスコ・英国ヘンリー拠点
運用部門体制図

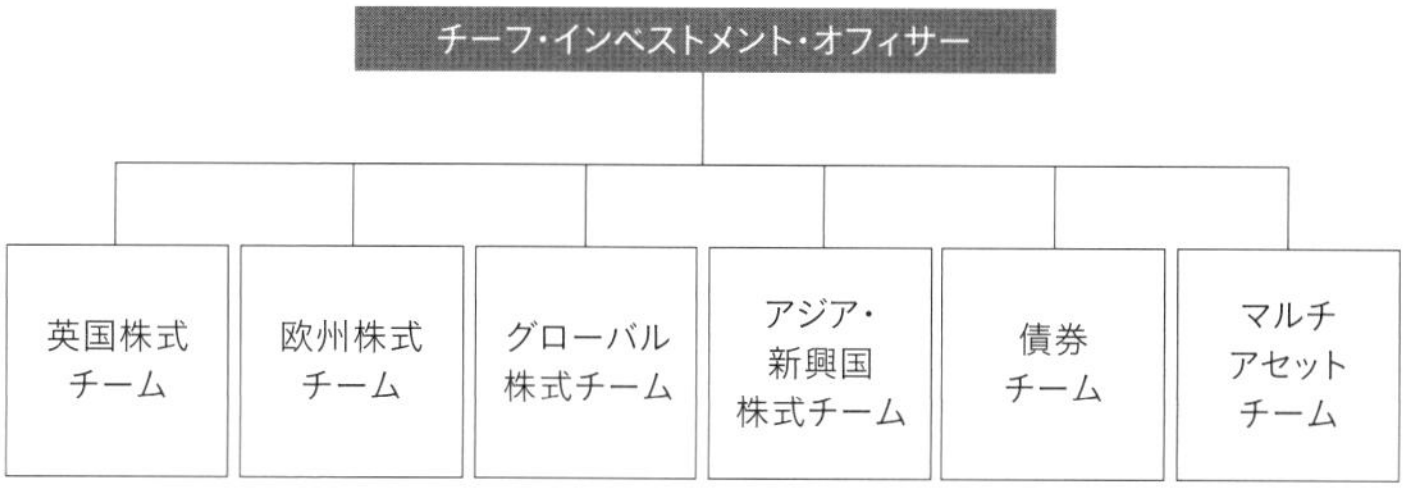

出所：インベスコ、2023年3月現在。

運用会社では、特定業種の企業のみを担当して調査・分析を行う人をスペシャリスト、業種を特定せずに市場全体の幅広い業種の企業の調査・分析を行う人をジェネラリストと呼びます。ヘンリー拠点では全員がジェネラリストであり、広い視野で投資に向き合う体制を築いています。

ヘンリー拠点の投資哲学

アクティブ運用を行う上では、投資哲学というものが必ず存在します。投資哲学とは、投資を行う際の基本的な信念や考え方のことを指し、どのような資産に投資するか、いつ、どのように投資するかを判断する上での指針となります。

インベスコのヘンリー拠点の投資哲学は、短期の市場トレンドやコンセンサス（業績予想平均）への過度な注目を回避しながら長期投資に徹することにより、優れた投資成果を達成することを目指すものです。これを実現するため、「ボトムアップ・アプローチ」「長期投資」「アクティブ運用」「バリュエーション重視」という4つの観点に基づいた運用を実践しています。

■ボトムアップ・アプローチ

ボトムアップ・アプローチとは、個別企業1つひとつの財務状況や業績などを分析して、投資する個別銘柄を選定する方法です。ボトムアップ・アプローチによる徹底的なファンダメンタルズ分析を通して、市場に存在する非効率性（すべての最新の情報は株価に反映されておらず、見逃されている、もしくは過小評価されていることから投資機会が存在す

るという考え方）による株価の歪みを捉えることで、優れた投資成果を目指すものです。※

※もう1つの銘柄を選定するやり方としてトップダウン・アプローチがあります。これは経済指標などを用いて景気動向を判断するマクロ分析などの見通しをもとに投資銘柄を選定しポートフォリオ構築を行います。

■長期投資

長期投資とは、短期間に売買を繰り返すことなく、長期にわたって投資した銘柄を保有し続ける投資手法です。企業は長期的視野で事業を営んでいるため、長期的な視点で企業分析・調査を行い、長期投資を実践することで、優れた投資成果を達成することができると考えています。

■アクティブ運用

アクティブ運用とは、運用者の判断によって株価の上昇が期待される銘柄を厳選して投資を行い、市場全体を上回る投資成果を目指す運用手法です。

それに対して、市場全体の動きと同様の投資成果を目指す運用をインデックス運用、またはパッシブ運用といいます。

アクティブ運用は、投資銘柄の選定において、インデックスを構成する銘柄やその比率などの制約がないことから、魅力的な投資機会をみつけることにより、市場全体およびパッシブ運用に比較して優れた投資成果を期待できます。

■バリュエーション重視

株価は、長期で見ると企業の利益成長や資産価値などから評価された本質的価値に収れんしていくと考えられます。短期的な要因により、株価が企業の本質的価値を下回り（割安）、その乖離幅が拡大している際に投資を行うことで、より高い投資成果が期待されます。

少数精鋭のチーム

ヘンリー拠点では、パーペチュアル社の時代から受け継がれる理念の1つである、

図表3-3　チーム人数の違いによる意思決定の速さの差

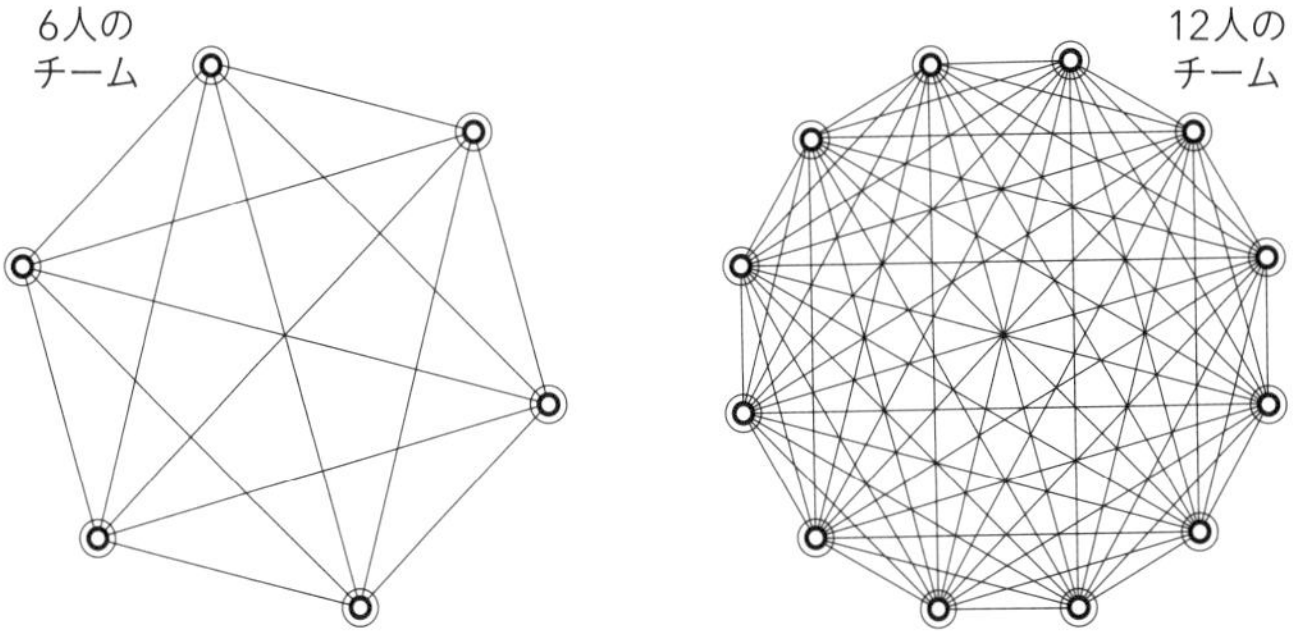

出所：インベスコ

より優れた人材だけを集め、少ない人数でありながらも最高の成果を求める「少数精鋭」の体制をとっています。

少数精鋭のチームの大きなメリットは、意思決定の速さとオーナーシップにあると考えています。円滑なコミュニケーションが取りやすく、迅速で質の高い情報共有が可能になることが、適切な判断につながります。

また、少人数であることから、一人ひとりのオーナーシップが明確になるため、全員が高いモチベーションをもって積極的に役割と責任を担うことができるのです。

例えば、チームメンバーが6人の場合は15回のコミュニケーションで十分に連携が取れるのに対し、12人の場合は66回、50人の場合は1225回必要とされます。人数の増加に伴いコミュニケーションの必要回数は指数関数的に増え、全員で連携をとることへの複雑さが増すのです。

企業調査や分析に要する時間とチームで議論する時間のバランスを取りながら、スピード感のある有効な投資判断を行うためにも、少数精鋭にこだわり続けています。

「確信度」というキーワード

優れたパフォーマンスを継続して発揮するためには、確信をもった企業だけに投資を行うことが重要であり、より強い確信をもつために、徹底的な調査・分析とその検証を何度も繰り返します。他人の話を聞いて「良さそうだから買おう」というのでは、投資判断に確信を持つことはできません。

投資先企業の分析を行った上で、経営陣に対する信頼も必要です。運用チームが彼らの経営課題を理解し、経営陣と課題解決の見通しについて議論することにより、「本当に投資に値する企業か否か」の確信を得ることができます。実際に運用チームの会議では、コンビクション（Conviction／確信）という単語が頻繁に使用されます。どの運用者も、「その判断にコンビクションをもてるか」と自身やチームメンバーに常に問い続けているのです。

勤続年数から見えるロイヤリティの高さ

ヘンリー拠点の特徴として、社員の勤続年数が長いことがあげられます。最近では少し状況が変わってきたかもしれませんが、一般的に1つの企業で経験を積んでいく日本の慣行とは異なり、海外では転職を重ねてキャリアを形成していくことが珍しいことではありません。しかし、ヘンリー拠点では勤続30年以上の社員が多数在籍しており、退職者の数が少ない傾向にあります。自身の希望で担当分野の変更を申し出たり、部門を異動することもあるなど、ヘンリー拠点で長期的にキャリア形成をすることが可能な制度・環境が整っていることが理由の1つとしてあげられます。加えて、社員がお互いのキャリア形成をサポートする文化が根付いており、それぞれの絆が深まっていることも大きな要因です。長年働くメンバーが多いことは、強い信頼関係や相互理解の好循環を生み出し、一人ひとりの組織や仕事に対するロイヤリティを高めています。

すべてのポートフォリオ・マネジャーがアナリスト業務も兼務

ヘンリー拠点では、ポートフォリオ・マネジャーは、全員が運用業務とアナリスト業務を兼務しています。一般的に多くの資産運用会社の運用部門では、ポートフォリオ・マネジャーはポートフォリオを組成し、銘柄の分析や提案はアナリストが担当する分業の体制が取られます。

一方ヘンリー拠点では、ポートフォリオ・マネジャー自身が投資アイデアの創出や企業分析を詳細に行っていきます。この体制により、投資アイデアの有効性の検証や、より精度の高い企業調査・分析を行い、その結果を迅速に投資判断につなげることができるのです。

ジェネラリスト・アプローチならではの醍醐味

ヘンリー拠点では、すべてのポートフォリオ・マネジャーとアナリストが、担当の業種や専門分野をもたない、ジェネラリスト・アプローチを採用しています。運用チームのメンバーは全員、複数の業種を横断的に、相対感をもって企業を分析するスキルももちます。

ジェネラリスト・アプローチの利点は、市場を俯瞰的に分析し、銘柄を比較できる点にあります。それに対して、スペシャリスト・アプローチの特徴は、担当の業種における深い知見を得て投資判断を行うことができる点があげられますが、特定の業種や専門分野に集中しすぎてしまい、他の業種と比較する視点がもちづらいことがあります。例えば、担当業種の株価水準が相対的に非常に割高な場合でも、その分野の銘柄をアイデア創出の際に推奨しなければならない場合や、市場全体で比較すると非常に割高な銘柄でも、セクター内では割安な水準であった際に割安と判断してしまう可能性がリスクとして考えられます。

ジェネラリストとして幅広い業種の企業を調査・分析することで、ある分野での学びを別分野に応用することができ、投資機会を見つける幅が大きく広がる点は、アクティブ運用の大きな醍醐味です。関心ある企業について広く深く分析できるのは、ジェネラリストならではです。

ジェネラリスト育成のための教育プログラム

ヘンリー拠点では、株式投資のプロフェッショナルを育成するための実践的な教育プログラムを導入しています。

まず、アナリストとして配属されると、企業分析からキャリアをスタートさせます。アナリストはビジネスの背景や財務面など、企業の価値や成長性を徹底的に分析し、投資判断に必要な情報を収集します。具体的には財務諸表や業績などを分析することにより、その企業の強みや課題を把握し、投資先の選定に役立てます。最初は1つひとつの企業についての分析手法を学び、そこから業種や市場全体の分析を学ぶステップに進みます。

このようなキャリア形成段階での育成プロセスの一環として、ヘンリー拠点ではメンター制度を重視しています。若手アナリストとメンターとして経験豊富な先輩社員がペアを組み、お互い信頼関係を築きながら、若手アナリストはメンターの経験や専門知識に基づいた助言やサポートを受けて成長していきます。また、若手アナリストはスキルや知識を高めるための支援を受けるだけでなく、キャリアの方向性や、組織内での働き方などの悩みを相談することもでき、相談を受けるメンターにとっても後輩を育成する経験を積みながら自身もさらに成長できるなど、相互のキャリア形成にプラスの影響がみられています。

もう1つの教育プログラムとして、ペーパーポートフォリオを使用した投資判断の訓練を行っています。ペーパーポートフォリオとはアナリストが作成する仮想のポートフォリオであり、自分が運用する想定で個別銘柄を選び定期的に投資成果をレビューすることで投資判断のトレーニングを行う方法です。

このような研鑽を通じて、アナリストはポートフォリオ・マネジャーを目指して自分自身の投資判断の精度を高め、より効率的にポートフォリオを組み立てることができるようになっていきます。さらに、若手アナリストは自分のペーパーポートフォリオをポートフォリオ・マネジャーや先輩のアナリストと共有し、パフォーマンスや投資判断の正当性を確認します。これにより、若手アナリストとそのメンター間だけの情報共有や投資判断に陥らず、運用チーム全体での情報共有、議論を経てベストな選択がなされる過程を学んでいきます。

3. ヘンリー式・コミュニケーションの取り方

少数精鋭のチーム体制を敷いているヘンリー拠点ですが、単に優秀なメンバーが集まっただけでは、優れた投資パフォーマンスを発揮することはできません。各メンバーが力を発揮しやすくするため、相互に学び合い成長を目指すチーム体制を作り上げることや、日々のコミュニケーションが取りやすく働きやすい環境を整える数々の工夫がなされています。

クリエイティブなアイデアを生む環境

ヘンリー拠点では、各地域や各資産の運用チームが集まる運用部門全体のミーティングが定期的に行われ、拠点全体としてどのような運用が行われているか情報を得ら

屋内外で気軽に会話やミーティングができる環境が整っている

れる体制が整っています。こうした情報共有が幅広い視点を養い、投資アイデアの創出に役立っています。また、定期的なミーティング以外にも頻繁にコミュニケーションを取ることのできる工夫が随所にあり、これが創造力を生み出すと考えています。その一部をご紹介しましょう。

大学のキャンパスのような敷地には、インベストメント・ハブと呼ばれるエリアがあり、そこには社員が気軽に会話やミーティングができるオープンスペースがあります。そのほか、カフェテリアや庭園など至るところにコミュニケーションを取ることができるスペースがあり、社員はオフィスの敷地内を歩きながら、屋外でも会話をすることができます。

また、オフィス内のデスクは仕切りのない開放的なオープンデスクとなっており、チームメンバーが向き合って、いつでも会話ができるような配置になっています。

気になる企業やトピックについて議論したい、情報が欲しい時には気軽に足を運び、直接話すことのできる環境が非常に重要だと考えています。また、良い決断をするた

デスク間の仕切りもなく、業務中も常にコミュニケーションが取れる

めには、机に向かってじっと過ごすだけではなく、時にはデスクやパソコンから離れることで、頭の中を少しクリアにして考えることも大切です。これが日常的かつ気軽にできるのが、ヘンリー拠点ならではのスタイルです。

一般的に、創造性は外の新鮮な空気や緑の多い場所にいることによって生まれることはよく知られていますが、会議の合間や、2～3時間集中して業務を遂行した後、頭の中を整理するためにチーム揃って外に出て、芝生に座ったり、庭を散歩したりしながら投資アイデアについて議論することもよくあります。自由で堅苦しくない場所で話をしながらお互いの情報の断片を組み合わせたり、創造性を膨らませたりすることで、時には思いもよらなかった視点に気づくこともあるなど、よりクリエイティブなアイデアが生まれていくのです。

4.「世界のベスト」に厳選投資

ここまでインベスコ・英国ヘンリー拠点の歴史、特徴から、運用部門における投資哲学やチームの特徴、コミュニケーションの取り方について述べてきましたが、こうした環境の中で大きく育ってきた世界株式ファンドが、日本の投資家の皆様にも提供している「インベスコ 世界厳選株式オープン（愛称：世界のベスト）※」です。このファンドでは、日本を含む世界（新興国を除く）の株式の中から、「成長」「配当」「割安」に着目し、独自の視点から厳選した〝世界のベスト〟と考える株式に投資を行います。

ここからはこの「世界のベスト」がどのようなチームによって運用され、運用の現場では日々何をしているのか、どのように銘柄を厳選してリターンの獲得を目指しているかについて解説していきます。

※ファンドの正式名称は、「インベスコ 世界厳選株式オープン〈為替ヘッジあり〉(毎月決算型)、〈為替ヘッジなし〉(毎月決算型)」および「インベスコ 世界厳選株式オープン〈為替ヘッジあり〉(年1回決算型)、〈為替ヘッジなし〉(年1回決算型)」です。

「世界のベスト」運用チーム

まずは、ヘンリー拠点の運用部門のチームのうち、「世界のベスト」の運用を担当するグローバル株式チームを紹介します。

グローバル株式チームのメンバーは、最終的な投資判断を行うポートフォリオ・マネジャーであり運用責任者であるスティーブン・アネスと、その他にポートフォリオ・マネジャー2名、アナリスト3名で構成されています。「少数精鋭」の体制を取っており、各チームメンバーが収集した情報などに基づいた質の高い議論に時間を費やすことを重視し、投資アイデアを発掘したり、徹底的な企業調査や分析・評価を行い投資銘柄を厳選しています。

メンバーの経歴は多岐にわたります。例えば運用責任者のスティーブンは、新卒採

図表3-4　「世界のベスト」の運用体制

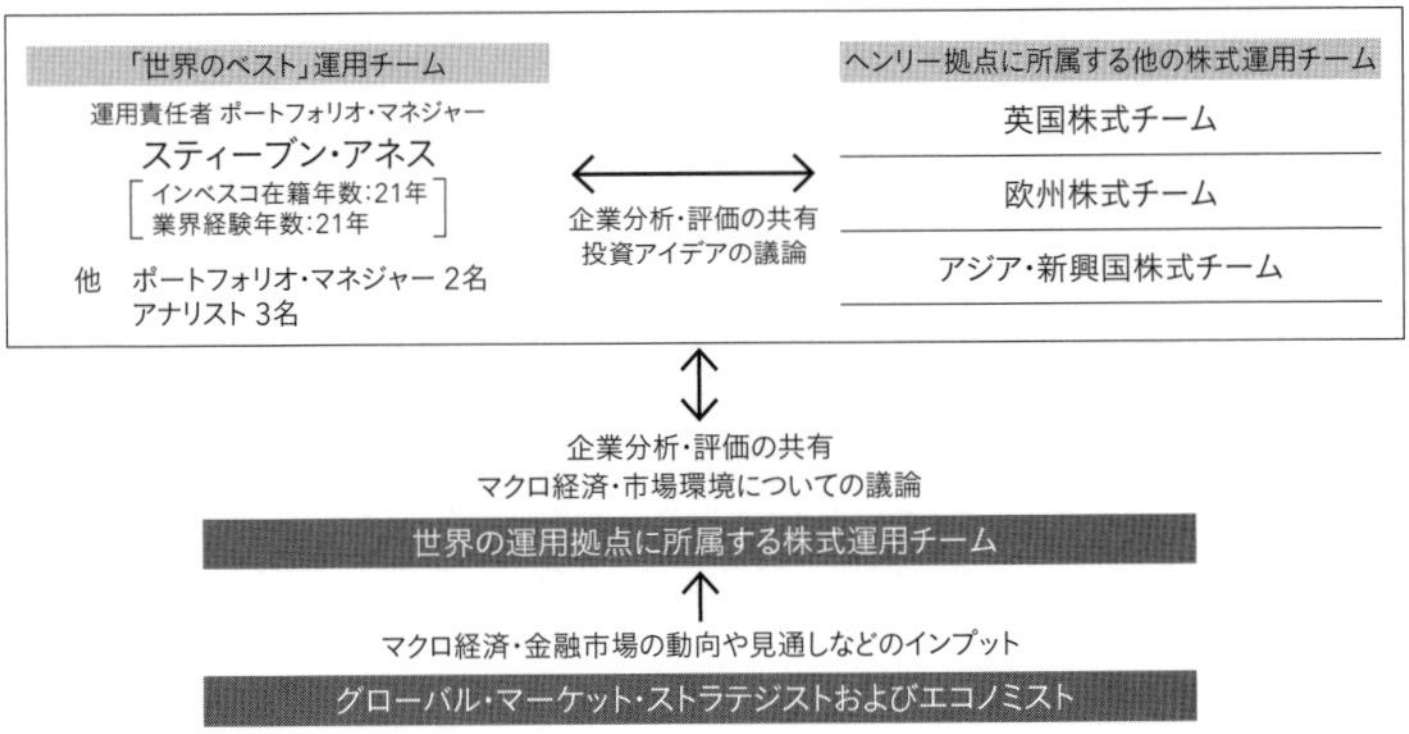

出所：インベスコ、2023年3月現在。

用でインベスコに入社し、アナリストとしてのトレーニングを経て運用者としてのキャリアを積み、プロフェッショナルな素養を培ってきた経歴をもちます。一方、チームの中には投資銀行やヘッジファンドで働いた経験があるメンバーや、新興国市場やテーマ型株式投資に精通したメンバーなど様々な経験を有する人材が在籍しています。経歴の多様性や人柄の違いがあるからこそ企業への考え方やアプローチが異なり、このような違いが新たな発見や新しいアイデア発掘につながると考えています。「多様性」を受け入れる一方、同じ投資哲学や信念を共有することで、強いチーム作りを目指しています。

また、グローバル株式チームはヘンリーの他運用チームとの情報共有や議論を通じて投資アイデアを発掘しています。ヘンリー拠点には英国株式、欧州株式、アジア・新興国株式などの国・地域特化の株式運用チームから1名ずつ選抜されたメンバーで構成される「グローバル・アイデア・グループ」と呼ばれるグループがあり、月に1回定期的なミーティングを行うことで、当運用の投資アイデアの発掘をサポートしています。国・地域特化の株式スペシャリストとの協働体制を構築することにより、グローバル株式の運用において、幅広い企業・業種・国などに関する豊富な知識を最大限に共有、活用できると考えています。ヘンリー拠点以外にある世界中のインベスコの運用拠点の情報や、経済や金融市場動向に精通するインベスコのストラテジストやエコノミストの情報も活用し、インベスコの総力を最大限に結集して、運用を行っています。

図表3-5　定期的に開催されているミーティングの例

開催頻度	会議の名称	出席者	討議事項
週次	グローバル株式チーム・ミーティング	グローバル株式チームメンバー	・投資アイデアに関する議論、提案 ・ポートフォリオ内の特定銘柄についての議論、バリュエーションに影響を与える可能性のある事象・要因についてアクションの必要性を含め意見交換 ・主要なセクター内のバリュエーションや投資妙味についての議論・意見交換
月次	グローバル・アイデア・グループ・ミーティング	株式チームメンバー(英国、欧州、グローバル、アジア・新興国)	・各地域の投資アイデアに関する議論、提案 ・主要なセクター内のバリュエーションや投資妙味についての議論・意見交換 ・各ファンド・マネジャーによる担当地域の主要なテーマや投資機会、見通しについての情報共有
月次	マンスリー・インベストメント・ミーティング	英国ヘンリー拠点各運用チームの運用者、アナリスト、プロダクト・ディレクター	・主要な経済や株式市場、その他アセットの市場動向についての議論・意見交換 ・主要なセクター内の問題やテーマについての議論・意見交換

出所:インベスコ

定期的なミーティング

オフィスのオープンスペースなどで活発に行われる意見交換や議論の他に、定期的に開催されているミーティングをご紹介します(図表3－5)。

グローバル株式チームの週次ミーティングやグローバル・アイデア・グループの月次ミーティングでは主に投資アイデアについて議論や提案を行います。また、マクロ分析においては、ヘンリー拠点に在籍するすべての運用チームが参加するインベストメント・ミーティングにおいて、最新の経済状況や市場動向などについて意見交換、議論を行います。

運用における着目点：株式投資の王道

グローバル株式チームは、ヘンリー拠点の投資哲学に基づいて「世界のベスト」の運用を行っています。「世界のベスト」は、「成長」「配当」「割安」の3つの観点に着目した投資を行っており、これを「株式投資の王道」と考えています。

■成長

成長とは、高い競争優位性、健全な財務体質を有し、景気動向に左右されずに持続的な成長が期待できる企業に着目することを表します。主に選好するのは、①好況の時だけでなく不況時にも成長する力をもつ優良企業、②製品・サービスのブランド力などに裏付けられた高い競争力を有し、ＥＳＧ（環境・社会・ガバナンス）などの観点から大きなリスクがない、③適切な資本配分により、本質的価値を成長させることがで

図表3-6　株式投資の「王道」

出所：インベスコ

きる、といった特性を備えた企業です。

■配当

配当とは、継続的な配当や増配などの〝質の高い配当〟を行うことが期待できる企業に着目することを表します。具体的には、企業の健全性を測るキャッシュフロー創出力（現金を生み出す力）の分析に力を入れ、新規投資や配当、自社株買いなどにより株主価値を高めることができるかを評価します。

■割安

割安とは、企業の本質的な価値に比べ

て、長期的視点から見た株価水準が割安であると判断できる企業に着目して投資を行うことを表します。長期投資の成功には、購入時点の株価が重要です。そもそも企業が本質的価値よりも割安となる背景には、短期的な問題か、マクロ経済的な懸念などの課題に直面しているケースが多くあります。このような課題に敏感に反応して株価は変動しますが、こうした時こそ長期的な観点に立ち、その企業の本質的価値に目を向けた投資を行うことが重要だと考えています。

運用チームでは、これら3つの観点に着目した運用を行いながら、投資対象の企業が長期的視点で経営を行うのと同様、目の前の短期的なトレンドやコンセンサスにはとらわれない長期的な投資スタンスを重視しています。短期的な要因によって企業の株価が本来の企業価値から乖離する時、長期の投資家にとっては魅力的な株価水準での投資機会が得られると考えます。こうした投資機会を捉えるアプローチを一貫して厳格に行うことで、長期的に市場より優れた投資成果が期待できます。つまり、短期志向の投資家の行動は市場の認識と現実の間に大きな乖離を生じさせる可能性があり、これは逆に長期的な投資家にとって魅力的な投資機会を生むと考えています。この考えの下、1つひとつの銘柄を丹念に選ぶボトムアップ・アプローチにより、確信度の高い銘柄を厳選することで、市場平均である株式インデックスより高いリターンの獲得を目指します。

「世界のベスト」運用プロセス

それでは、「世界のベスト」でどのように銘柄を厳選して投資していくのか、その運用プロセスを見ていきましょう。

運用プロセスは大きく分けて3段階あり、投資アイデアの発掘、ファンダメンタルズ分析、ポートフォリオ構築の3つのステップで構成されます。【ステップ1】では先進国の企業約2万社[※1]を独自の評価軸で絞り込み、投資アイデアを発掘します。【ステップ2】では、こうして選ばれた有力な投資アイデアについて、8つの評価ポイントによる詳細なファンダメンタルズ分析を実施します。そして最後の【ステップ3】

図表3-7　「世界のベスト」の運用プロセス

先進国の企業約20,000社から 調査対象企業の絞り込み

↓

ステップ1　投資アイデアの発掘

・4つの「アイデアの源」
・投資アイデアを選定するための10の主要質問

↓

ステップ2　ファンダメンタルズ分析

・ファンダメンタルズ分析における8つの評価ポイント

↓

ステップ3　ポートフォリオ構築

約**40-50**の銘柄を厳選

出所：インベスコ、2023年3月現在。

で、十分な分析の上、魅力的な投資タイミングを捉えてポートフォリオに組み入れ、約40～50銘柄でポートフォリオが維持できるよう日々運用されています。※2

※1：出所：WORLD FEDERATION OF EXCHANGES。２０２２年９月末現在。先進国の企業数は以下の証券取引所の上場企業数を合算することにより2万２９７５社と算出。当数字は、以下の各証券取引所の上場企業数を合計したものであり、重複上場を考慮していません。北米：NYSE／Nasdaq／TMX Group。アジア太平洋：ASX Australian Securities Exchange／Hong Kong Exchanges and Clearing／Japan Exchange Group／Singapore Exchange。欧州：Euronext／BME Spanish Exchanges／Deutsche Boerse AG／LSE Group。

※2：ポートフォリオの銘柄数は運用状況に応じて変わります。運用プロセスは、２０２３年３月現在のものであり、今後変更となる場合があります。

【ステップ1：投資アイデアの発掘】

約2万社の中から最初の絞り込みをする際に見る観点は、特に、事業の質（クオリティ）、キャッシュフロー創出、株価の割安度（バリュエーション）です。企業の状況と市場環境は常に変化するため、通常四半期の頻度で繰り返し絞り込み作業を行い、調査すべき候補に漏れがないかを入念に確認します。その後、より詳細に調査する企業を絞り込んでいきます。

投資アイデアの発掘をするための４つの「アイデアの源」があります。

アイデアの源①　独自に開発した分析ツール

独自に開発した分析ツールである「株式比較分析シート」を使用します。これは数多くの銘柄情報を一斉に比較できるもので、ベンチマーク[※1]にある銘柄はもちろん、ベンチマークにはない銘柄についてもキャッシュフローや、株価収益率（PER[※2]）や株価純資産倍率（PBR[※3]）などの株価の割安度（バリュエーション）を図る指標などの定量データを項目別に確認し、アイデア発掘の第一歩としています。

※1：ベンチマークとは、投資信託が運用成果の目標としている指数のこと。国内株式であれば、日経平均株価やTOPIXが代表的。
※2：株価収益率（PER）とは、株価が1株当たり純利益（EPS）の何倍になっているかを示す指標。株価が割安か割高かを判断するために使われる。
※3：株価純資産倍率（PBR）とは、株価が直前の本決算期末の「1株当たり純資産」の何倍になっているかを示す指標。PBRが1倍のときに株価がその企業の解散価値と等しいと判断される。

アイデアの源② クオンツ分析ツール

割安な株価水準にある優良企業を選別するため、クオンツ分析ツールを使用します。クオンツ分析とは金融工学の手法を用いて市場動向の分析や予測などを行うことですが、ここでは期間、業種や時価総額などの制約を設けずに、幅広い企業を分析します。特に、20～30年などの長期的な視点から企業のトレンドや実績なども含めて分析することを意識しています。

アイデアの源③ 業界を調査する上での独自の視点

ある企業の分析を進める中で、新しい投資アイデアが発掘される場合があります。このためにも、業界調査を入念に実施します。例えば、保有銘柄の企業・投資候補先の経営陣だけではなく、競合他社やサプライヤー、顧客などの関係企業と面談をする際に会話を細部まで聞き漏らさないといった基本的なことも含めて、常にアンテナを高く張り、専門家レベルの高度な情報収集を行います。このような面談の中で投資アイデアが新たに発掘される場合があります。

実際の例として、ある米国半導体企業A社に高い関心をもち、詳細な調査を実施していたことがあります。A社の経営陣と面談をした際に、A社は競合のB社に対しプレッシャーを感じていることを会話から感じ取ります。調査を続けると、A社はB社に対抗できる商品や戦略がないことが判明しました。A社に注目して開始した調査ですが、結果的にはその競合であるB社の競争力の高さを確信したため、B社への投資を開始したことがありました。

アイデアの源④　仲間とのコミュニケーション

ヘンリー拠点の他部門を担当する運用チームとの会話、インベスコの海外拠点との会話、取引先である証券会社など外部の情報、さらには友人との会話に至るまで、広くアンテナを張っていると、いつでも、どこにでも優良な投資先の発掘につながるヒントが眠っていることに気付きます。

日常業務として、証券会社のアナリストレポートやポッドキャスト、ブログや書籍から情報収集をする時間を確保することはもちろん、業務時間外の家族や友人との会話から投資アイデアが生まれてくることもあります。

これらの「アイデアの源」を活用することはもちろんですが、投資アイデアを発掘するにあたって最も重要なことは、いかに広い視野をもてるか、すなわち「オープンマインド」でいられるかです。優良企業であるにもかかわらず株価が割安である場合には何らかの理由があります。それは、データや市場動向レポートだけでは推察しきれないものです。本質を見極めるためには、短期的な市場動向に左右されずに10年から20年など長期の視点をもって分析を継続すること、企業やあらゆるステークホルダーとの面談において、数字には表れない定性的な側面にも目を向け、企業について深く知ること、常にアンテナを張ってコミュニケーションを図ることが重要だと考えます。

さらなる銘柄の絞り込み

候補となる企業を絞り込んだ後は、最も有望な投資アイデアを選定していきます。ここでは判断軸として10の主要質問を満たしている企業かどうかを見極めます（図表3－8）。これに当てはまらない企業は投資対象から外します。ここでは短期的な思い込みなどのリスクを回避して、長期的な視点から各企業のビジネスの実態を理解し、そのビジネスの成長を加速させるドライバーは何かを判断していきます。

①事業の強み、成功の理由を説明できるか？

定量的な分析や企業との面談、ヘンリー拠点の他部門を担当する運用チームなどとのコミュニケーションで得た情報から、企業の事業の強みや成長の源泉は何かを分析します。財務面では利益率の高さや経営効率の高さ、キャッシュ創出力などを主に確認します。また、事業の競争優位性や参入障壁の高さなども見ていきます。

図表3-8　投資アイデアを選定するための10の主要質問

①	事業の強み、成功の理由を説明できるか? Can we explain what the business does and why it has been successful?
②	バランスシート(貸借対照表)は健全か? Is the balance sheet appropriate?
③	会計情報の質に問題はないか? Is the accounting clean?
④	ビジネスは経済的価値を生み出しているか? Does the business generate economic value?
⑤	キャッシュフローを創出できるか? 適切な配当を行っているか? Has the company compounded cash flow and where appropriate dividends?
⑥	株価バリュエーションは魅力的か? Is the valuation attractive?
⑦	ESGリスクは? What are the ESG risks / potential momentum?
⑧	景気や企業業績が悪化した時の影響は? Do we understand and articulate the bear case?
⑨	同業他社や保有銘柄と比較した優位性は? How does it stack up against peers / stocks we already own?
⑩	経営陣は株主の利益を重視した企業運営を行っているか? Are management aligned with shareholders?

出所:インベスコ

②バランスシート（貸借対照表）は健全か？

企業の財務諸表を詳細に分析し、負債比率が高くないか、自己資本比率は高いかなどを見ていきます。

③会計情報の質に問題はないか？

財務諸表を意図的に改ざんしたり、経営状態の適切な把握に必要な情報を隠蔽したりしていないかを精査します。不正がなく、適切な会計情報であることを確かめます。

④ビジネスは経済的価値を生み出しているか？

そのビジネスが、財務面と非財務面で経済的価値を生み出しているかを判断していきます。例えば、財務面においては売上や利益を上げているか、非財務面においてはブランド力や人的資源、知的財産などの無形資産を生み出しているのかを確認していきます。

⑤キャッシュフローを創出できるか？　適切な配当を行っているか？

キャッシュフローは配当にも影響を与える非常に重要な要素です。継続的に、安定した配当を実施している実績があるか、それに見合ったキャッシュフロー創出力があるかを確認していきます。

⑥株価バリュエーションは魅力的か？

株価水準の魅力度については特定の指標に固執することなく、企業の過去の実績や競合他社との比較、同じ業種の銘柄との比較、利益の安定性といった属性の比較などを時系列かつ横比較することにより、様々な指標を用いて多角的にそのバリュエーションの評価を行い、総合的に判断します。

⑦ESGリスクは？

企業の財務健全性、ブランド、長期的な収益性などに影響を与えるＥＳＧ（環境・社会・ガバナンス）リスクを分析します。環境への悪影響、人権、労働問題、腐敗などのガバナンス問題の有無について確認していきます。

⑧景気や企業業績が悪化した時の影響は?

企業の業績が悪化するケースについて分析します。例えば、競合他社が新製品を開発するリスクや、景気や製品のサイクルの動向、それにより企業はどのような影響を受けるかなどを確認していきます。

⑨同業他社や保有銘柄と比較した優位性は?

当ファンドですでに投資している確信度の高い企業と比較した時の優位性などを詳細に調査していきます。財務など定量面、ビジネスの質や競争優位性などの定性面、そして株価水準も含めて総合的に判断していきます。

⑩経営陣は株主の利益を重視した企業運営を行っているか?

経営陣の株主還元姿勢の高さなどを評価していきます。配当や自社株買いなどを積極的に行い、株主価値を高めることを重視した経営陣であるかを調査します。また、経営陣が企業の株式の何パーセントを保有しているのかなどにも着目し、経営陣と株主の結びつきを確認していきます。

優良企業であっても、これら10項目の中の1つでも満たしていないものがあれば、投資しません。例えば、ある米国最大の飲料メーカーについては、素晴らしい企業と評価をしていたものの、⑥の株価バリュエーション面での割高感から投資を控えていました。また、⑨の同業他社、現保有銘柄と比較した優位性の例としては、米国最大級の住宅建設会社A社への投資を検討した際、運用チームはすでに同じ住宅建設の動向の影響を受ける米国のホームセンター小売チェーンB社を保有しており、B社の方が景気に左右されにくく安定したビジネスを行っていると判断し、A社への投資は控えました。さらに、⑩の例としては、他の項目はすべて満たしているものの、創業者が数多くの不動産や会社、自家用ジェット機を所有し、公私混同が疑われるような支出が判明した企業については、株主の利益を考慮していないという判断から投資を控える決断をしました。

一方、これらの懸念点が解決された場合は、投資を行うこともあります。前述した米国最大の飲料メーカーについては、コロナ・ショックによる株式市場の下落により、株価の割高感が薄れ、適切な価格で購入する機会が訪れたと判断をし、購入しました。

【ステップ2：ファンダメンタルズ分析】

次に、ステップ1で選別された企業について、ステップ2でより本格的なファンダメンタルズ分析による調査を行い、投資アイデアを深掘りしていきます。ここでは、個別企業の今後5年の業績について、独自のモデルを活用し予想を立てていきます。

このプロセスでは、実際に投資対象企業の経営者や、取引先、競合他社、顧客、従業員、元従業員など様々なステークホルダーとの面談などにより、さらなる情報収集を行い、企業を360度から分析していきます。運用チームはこのプロセスをとても重要視しており、企業の経営陣が発信する情報は、物事の一面でしかなく、様々なス

図表3-9　ファンダメンタルズ分析における8つの評価ポイント

1	会計情報の質
2	業界分析
3	企業分析(成長率、利益率、キャッシュフローの動向)
4	競争の優位性、今後予想される投資戦略
5	バリュエーション
6	経営陣の質とコミットメント
7	リスク
8	ESG分析

出所:インベスコ

テークホルダーと話すことで、あらゆる側面が浮き彫りになり、その会社の本質を見極めることができると考えています。また、課題が一時的な問題か構造的な問題かを見極め、良い会社を見抜くこともできると考えています。財務データなどからでは分からない、定性的な面も含めて情報収集し、企業への理解を深めていきます。このように、あらゆる角度から幅広い視野で企業を評価することで、投資対象企業の確信度を高めていきます。独自の運用プロセスを経て、独自のリサーチを行い、議論を重ねることで、投資アイデアを深掘りしていくのです。

具体的には、個別企業ごとに8つの評価ポイント（図表3－9）について詳細な分析を行います。その上で、分析した全ての項目をまとめ、なぜ当該投資対象企業に投資を行うべきであるのか根拠を含めた個別銘柄レポートを作成します。主に、なぜこの企業が持続的に成長できるのか、なぜ安定的な配当を出すことが可能なのか、なぜバリュエーションが割安なのか、なぜ投資する意義があるのかを詳細に記載します。バリュエーションが割安な水準である背景には、短期的な問題か、マクロ経済的な懸念などの課題に直面している場合があります。その理由を正確に判断し、それは本当に一時的な要因であって、市場が過小評価しているだけなのかを見極めます。

1. 会計情報の質

会計情報の質に問題はないかを詳細に分析していきます。後述の「レッドフラッグ」ガイドを使用し、企業の会計品質をモニタリングし、リスクを特定していきます。

2. 業界分析

業界誌や専門書などからの知識に加え、様々なステークホルダーとの面談の中で業界への知見を深めていきます。面談で学んだことを確認したり、疑問に思ったことを質問で投げかけたりするなど、業界の最先端で常に厳しい競争に晒されている企業経営陣などとのコミュニケーションを通じ、今後の業界の方向性や成長余地、個別企業の競争優位性などの情報を得ます。また、常に業界全体の利益率やバリュエーションなどのデータについてもアップデートし、業界の特性を掴んでいきます。

3. 企業分析（成長率、利益率、キャッシュフローの動向）

成長率、利益率、キャッシュフローなどを詳細に確認し、疑問点があれば実際にその企業に質問することで業績の背景を読み解いていきます。例えば、企業の業績が悪化していた場合、その背景を読み解くことでその原因が一時的なものか、将来的に長期間にわたって影響するものであるかを探っていきます。

4. 競争の優位性、今後予想される投資戦略

様々なステークホルダーとの面談の中で、投資対象企業のブランド力や参入障壁などの競争優位性を詳細に確認していきます。また、企業の今後の戦略についても詳細に聴取し、その中で製品・サービスに対する需要、価格決定力、市場シェアの変化、利益ドライバー、事業が抱えるリスク、競合他社に対する優位性などを分析し、3～5年の期間にわたり利益回復または利益成長が見込めると考えられる銘柄を特定していきます。また、企業経営陣とのミーティングでは、運用者が立てた前提や予想を再評価することで投資対象企業の洞察を深めていきます。

5. バリュエーション

あらゆる調査を重ねて企業への理解を深め、その本質的価値を評価した段階で、企業の本質的価値がバリュエーションと見合っているかを分析します。その際には、多角的にそのバリュエーションの評価を行い、総合的に判断します。本質的価値よりも低く市場で評価されている銘柄があった場合に、魅力的な投資機会と判断し、投資す

るべき銘柄の候補とします。

6. 経営陣の質とコミットメント

優れた経営戦略をもち、その戦略を実行に移すことのできる手腕があるか、資本配分の判断が優れているかなど、経営陣の能力をこれまでの実績や対話から評価していきます。また、経営陣自身が株式を保有するなど、業績目標の達成に対してコミットメントをもって取り組む仕組みがあるかなども評価します。

7. リスク

投資元本の毀損がリスクであるとの考え方に基づき、個別銘柄のリスクを評価します。リスクに見合ったリターンが得られるかという見込みに基づき判断を行っていきます。上値余地（アップサイド）と下値リスク（ダウンサイド）の双方を考慮し、ダウンサイド・リスクに対してアップサイド・ポテンシャルの高い銘柄を選定していきます。

8. ESG分析

企業がESGにどのように取り組んでいるか、その取り組み動向を分析します。企業の財務健全性、ブランド、長期的な収益性などに影響を与えるESG要素を他のリスクや評価要因と併せて考慮することで、長期的な成功を可能にするために有利なポジショニングをもつ企業を特定していきます。また、インベスコには、専任のESGチームに加えて、独自のESGレーティング・ツールがあります。当運用チームは、外部のESGデータとインベスコ独自のESG評価を組み合わせて利用し、投資機会とリスクを可能な限り多くの角度から理解した上でESG分析を行っています。

このステップ2について、例を見てみましょう。株主情報として、ある企業の発行済株式の15%を10年間保有する株主がいることが分かったとします。同株主が長期的な視点をもつ株主であれば、製品への投資やマーケティングに柔軟性を与えてくれると判断します。製品やサービスの競争優位性、企業の投資戦略などに加えて、このような株主の情報も企業の安定性や戦略の実行などの判断に有益な情報になります。

これらの評価ポイントと照らし合わせ、長期的な視点に立った優れた経営が行われており、企業は健全で成長していることが分かり、会計上の問題やリスクがない場合にのみ運用チーム内での議論に移ります。そこでは、例えば良い企業が割安に取引されている場合、なぜ割安になっているのか、会社が売上や利益の未達リスクを抱えている場合、それは一時的なものなのかなどを解明し、投資に値するかの議論を重ねていきます。

【ステップ3：ポートフォリオ構築】

最後に、ステップ3では選別された銘柄のバランスを考慮しつつ、ポートフォリオを構築していきます。

各投資アイデアをここまでの個別銘柄の視点からではなく、その組み合わせであるポートフォリオの観点から評価していきます。ポートフォリオ全体に対する影響や各銘柄の相関、潜在的なリスク、パフォーマンスへの確信度と相対リスクの評価などを

図表3-10　ポートフォリオ内での比率調整

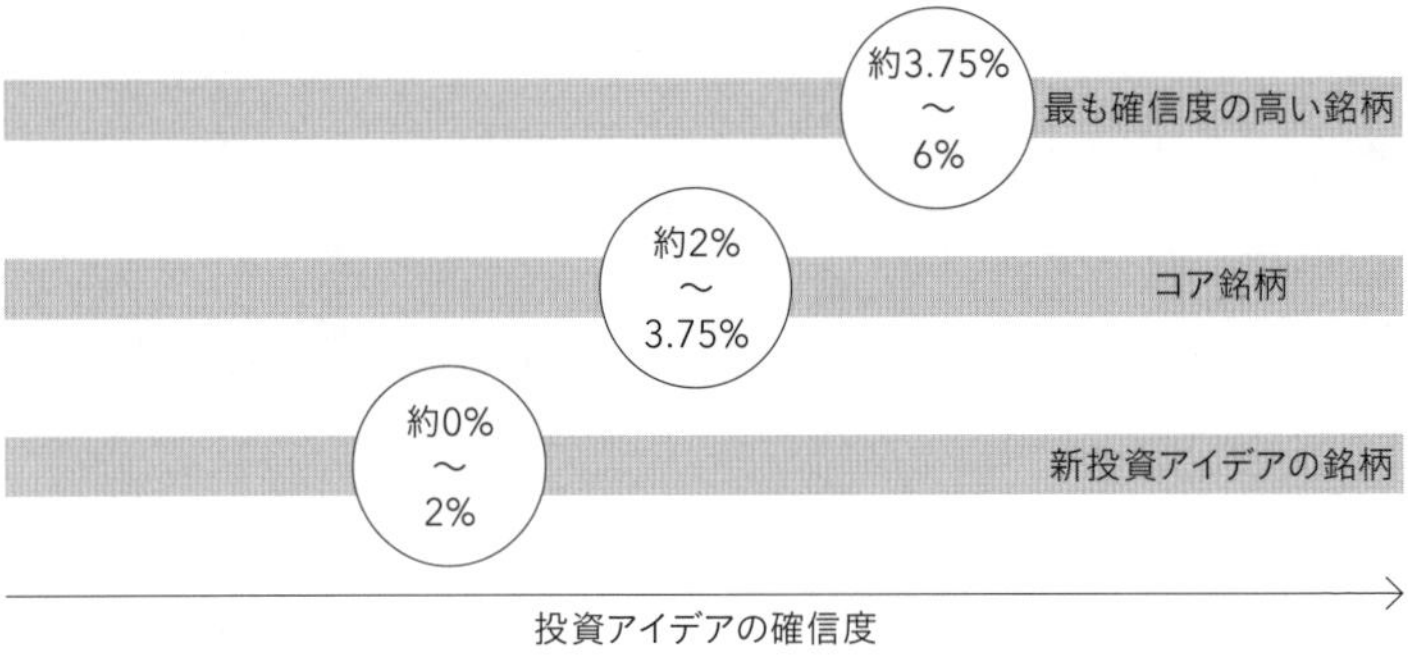

出所：インベスコ、2023年3月現在

意識し、ポートフォリオ構築を行っていきます。また、政治、為替、規制、地政学リスクなどのマクロのリスクについても勘案します。

例えば、2022年後半にかけて英国の政治混乱や国内の景気減速への懸念が台頭した際、政治リスクが高く、マクロ経済の影響を受けやすいとの考えから、英国上場の銘柄の比率が高くなり過ぎないように調整しました。また、米国の大手ソーシャル・テクノロジー企業については、プライバシー保護を目的とした広告規制が強化されたことから、この銘柄を保有していることでポートフォリオ全体の規制リスクが高くなったと判断し、組み入れ比率を削減し、最終的には全売却に至りました。

厳選した銘柄の中でも確信度によって、ポートフォリオ内での比率を調整します。例えば、最も確信度が高い銘柄についてはポートフォリオの約3・75%〜6%の保有比率とし、中心となる（コア）銘柄については約2%〜3・75%、新しい投資アイデアの銘柄は約0%〜2%の保有比率としています（図表3－10）。

このようにポートフォリオに関する規律あるガイドラインを設定している一方で、ルールを過剰に決め過ぎないようにも注意しています。型にはめ過ぎてしまうと、柔軟で幅広い視野をもてなくなってしまいます。調査対象の業種や企業によって適切な分析手法を用いることで、その企業の本来の価値を判断するようにしています。そして、ポートフォリオを構築する際には柔軟な視野をもちつつ、多くの要素を総合的に考慮しています。

銘柄発掘の具体事例

当運用チームならではのオープンマインドで、独自の考え方を表している銘柄発掘の事例を紹介しましょう。「世界のベスト」の保有銘柄は、有名企業もあれば、まだあまり知られていないユニークな企業もあります（2023年2月末時点）。

まず、「世界のベスト」の保有銘柄の中で、誰もが知っている銘柄の事例をご紹介します。誰もが知っている銘柄であれど、当ファンドの投資タイミングのユニークさが分かる一例です。

①米国の大手飲料会社

同社は何十年にもわたって大きな利益を上げ、成功を収めてきました。また配当利回りも非常に魅力的で、長年にわたり配当成長を遂げ、安定した配当を出してきたという実績もありました。従来運用チームは同社のビジネスの実績を高く評価しており、優良な企業であると考えていましたが、バリュエーションの観点で割高との判断から、投資には至っていませんでした。しかし、運用チームは２０２０年コロナ・ショック後の早い段階で同社への投資を開始しました。

当時、市場では新型コロナウイルスによるロックダウンや行動制限の影響から、外食やイベントなどが売上の大きな割合を占める同社の業績へ懸念が広がり、株価が下落したのです。運用チームは、市場でのパニックは常に魅力的な投資機会を与えてくれるものだと考えています。市場のパニック時には一斉に株価が下落する傾向にあり、優良な企業の株価も本質的価値から乖離して下落する可能性もあるため、魅力的な投資機会が多数発掘できるからです。常に他の人とは異なる見方をし、魅力的な企業を見つけようとすることが投資のリターンにつながると確信しています。

株価が下落していた当時も、運用チームでは同社に対して高い評価をしていました。たとえロックダウンや行動制限に伴って人々の外出先での消費が減っても、同社には圧倒的なブランド力と強い価格決定力があり、厳しい状況を乗り越えて業績を拡大する能力があると考えていたのです。当ファンドの運用責任者であるスティーブン自身も、家で同社商品を飲むのは、昔から自分へのご褒美だったといいます。さらに、新型コロナウイルスの感染拡大により外出できない分、家にいる間は飲食にお金を使うことが多くなる可能性が高いと感じ、レストランなどでの売上の減少を家庭の販売向けによって相殺できると考えていました。

また、同社は当時、利益率の低いボトリング事業を売却するなど事業再編を行っており、コロナ・ショック以前に誕生した新経営陣により事業は長期的な改善の道を歩み始めていました。より利益率の高いビジネスを拡大していくことが見て取れていたのです。

このような理由から、運用チームは同社にコロナ禍を乗り越えられる力があると考え、長期的な視点を勘案すると市場の懸念は過度であり、非常に割安な株価水準にあると判断し、コロナ・ショックの影響から株価が下落した後の２０２０年7月に投資を開始しました。

実際にコロナ禍で同社は多額のコスト削減に成功し、ブランドや事業管理が強化されました。その後、経済活動が再開される中で株価が上昇し、当ファンドのリターンに大きくプラスに寄与しました。

このように、運用チームでは確信度が高い銘柄については、市場参加者が投資を躊躇するようなタイミングでも投資を行っていきます。市場の短期的な反応と運用チームの長期的な視点の違いが、魅力的な投資機会を生み出しました。

②ニュージーランドの物流および輸送会社

続いて、投資家にまだあまり知られていないユニークな銘柄への投資の一例として、ニュージーランドの物流および輸送会社を紹介します。この銘柄は会社の成長性などの定量面だけではなく、企業文化などの定性面を高く評価して投資に至った運用チームの柔軟なアイデア創出により発掘された銘柄です。

同社はニュージーランドにおけるマーケットリーダーで、オーストラリア、ニュージーランド全域で貨物、倉庫、物流サービスを提供しています。同社は中小企業の顧客のみを対象としているため、①大口顧客対象のビジネスと比較して、顧客との交渉において価格決定力を有する点、②競合他社は規模や資本が不足している会社が多く、追加コストがかかる貨物輸送業者に一部のサービスを頼らざるを得ない一方で、同社はサプライチェーンを垂直統合し、一貫した高品質のサービスを提供している点などを評価し、投資を開始した銘柄です。

同社は、運用チームのアナリストがオーストラリアの友人と会話をする中で興味をもった銘柄です。その友人が引っ越しで利用した同社は、他社が資源コストの上昇によりサービス価格を上げる中で、低価格を維持していました。それだけでなく、サービスの質も高く、感動を覚えるほどだったため、たとえ金額が上がってもまた同社サービスを利用したいとまで話していたのです。

運用チームが企業分析を進める中で同社には、従業員・顧客中心主義の文化が強く根付いていることも分かりました。従業員数は上場以降大幅に増加しましたが、それでもなお、年次会計報告書には従業員一人ひとりに感謝のメッセージが書かれています。

また、運用チームは元従業員とも面談しました。元従業員は「私がこれまで働いてきた中で最高のビジネスだ」と同社を称賛し、同社株を保有し続け、「私はもう一生、この株を売ることはない」と語るほど評価していました。ここまで元従業員が前の勤務先を評価していることは非常に珍しく、従業員に最善を尽くす文化があると判断しました。

加えて同社はコストを削減した部分を顧客に還元するなど、顧客も大切にしており、その結果、顧客維持率は他のグローバル企業よりも高くなっています。そして、顧客側も価格低下で節約された金額を今度は同社のサービスの追加購入に充てるといった好循環が構築されていると評価しました。

従業員がどれだけ幸せか、顧客がどれだけ幸せか、といった定性的な部分は、財務内容では必ずしも正確に捉えられない重要な要素です。数値は判断基準の1つであり、魅力的な機会を発掘するのに非常に便利ですが、本当の意味で企業を差別化するためには、定性的な側面も見なければならないと考えています。

③デンマークの飲料メーカー

続いて紹介するデンマークの飲料メーカーもまだあまり知られていないユニークな銘柄です。この銘柄は、柔軟で長期的な視点をもつことによって創出された投資アイデアの一例です。

同社は主に清涼飲料水やビールを取り扱い、欧州でビジネスを展開する企業です。自社のインフラを利用して自社ブランドだけでなく他ブランドも展開し、競合他社ともタイアップしています。デンマークやイタリア、フランスでは自社ブランドの商品が非常に人気であり、同業他社よりも効果的に合併・買収を行い、利益率の伸びが高い点や、自社株買いや配当支払いなど株主還元姿勢が強い経営陣を評価し、投資を開始しました。

同社はコロナ禍で売上・利益の大幅な減少に直面しました。飲料容器の材料となるアルミニウムやガラス、運賃に影響するエネルギーなどの商品価格への先物取引などによるヘッジを行っていなかったため、商品価格の急激な上昇の影響を受けてしまったのです。市場はこの収益の悪化を過度に懸念し、同社の株価は大幅に下落しました。

しかし、運用チームは様々な定量分析や詳細な調査、ヘンリー拠点の欧州株式運用チームとの会話から、同社は30年にわたる優良な実績を誇ること、そして、現在の収益の悪化は一時的なものであり、株価は割安に放置されていると考えました。

その後実際に同社は、利益率を維持するため販売価格の上昇に踏み切ります。結果、同社のもつ価格決定力の強さから、販売数の低下を回避することができました。また値上げに成功していたことや、当時エネルギーやアルミニウムのコストが徐々に低下しており、販売価格の上昇とエネルギー価格の下落から利益上昇が見込まれるとも考えました。以上の分析から、短期的な業績の落ち込みのため株価が割安に放置されていると判断し、投資を開始しました。その後同社の株価は上昇し、ポートフォリオにプラスに寄与しました。

長期的な視点から様々な定量分析、詳細な調査を行ったことで、業績悪化はコロナ禍の一時的なものに留まると判断し、投資に至った事例です。

銘柄売却の考え方

ここまで、どのように銘柄を選びポートフォリオを構築していくか、という運用プロセスについて詳細を説明してきましたが、ファンドの運用はポートフォリオを組んで終わりではありません。ポートフォリオ構築後も、運用プロセスに基づき運用チームが継続的にモニタリングを行い、保有銘柄の投資判断を行うことも良好なパフォーマンスを実現する上で非常に重要なことです。「世界のベスト」では、主に以下の4ケースに該当する場合、保有銘柄の売却を行います。

ケース1：適正価格に到達したとき

個別銘柄の株価が本質的価値、またはそれ以上となり、運用チームの考える適正価格に到達したと判断した場合には、当該銘柄の売却を行います。

ケース2：より魅力的な機会への投資

より確信度の高い銘柄があった場合、新たな投資機会に資金を再配分するために、保有銘柄を売却します。

ケース3：ポートフォリオのリスクや配当利回り水準の調整

ポートフォリオ全体のバランスを勘案し、ある個別銘柄を保有していることで何か特定のリスクが上昇する場合や、配当利回りの水準が低下する場合に、当該保有銘柄を売却し、ポートフォリオ全体のリスクや配当利回りの水準を調整することがあります。

ケース4：投資テーマの変更

経営陣の変更による経営戦略の変化など運用チームが想定していた元々の投資アイデア・テーマから大幅な変更があった場合や、企業の戦略が大幅に出遅れており、元々運用チームが想定していた投資テーマ通りにならないと判断した場合もしくは大きな外部要因などから想定していた企業の業績が達成されないと判断した場合などに売却を行います。

これらの中で、銘柄売却に至る頻度が一番高いのは、「ケース2：より魅力的な機会への投資」です。

「世界のベスト」の投資は強い確信に基づいて行われます。厳選した銘柄に投資を行っていることから、より確信度の高い銘柄があった場合は保有銘柄を売却し、新たな投資機会に資金を再配分することが多くあります。当然ながら投資を行っている企業には高い確信をもっていますが、何かの制限に縛られることはありません。「世界のベスト」の目的は投資家のために投資収益を獲得することであり、そのために最善を尽くすことです。現在保有する企業よりも、より良いリスク・リターンが期待できると確信できる企業を見つけた場合は、投資先を入れ替えることになります。

保有銘柄への固執を避け、より魅力的な投資機会を得るために

ポートフォリオのモニタリングを行う上で私たちが重視しているのは、「現在のポートフォリオはベストなのか」を常に考えることです。そのために、運用チームでは定期的に「保有銘柄へのチャレンジ」という取り組みを行っています。ポートフォリオの課題の気づきを得るためです。

この取り組みでは運用責任者であるスティーブンが、企業の分析を担当しているアナリストにポートフォリオの保有銘柄の中であえて〝投資対象から外して良いと思う銘柄〟を3つ挙げてほしいと問いかけます。

アナリストが指摘した銘柄に対して、スティーブンとアナリストは「何が問題なのか」「保有し続けるためには、何の要素が足りないのか」「一転して、継続保有の判断をする材料を見つけることはできるのか」「売却すればいいのか」などについて議論を重ねます。この議論を通じて、スティーブンは当該銘柄について気付いていなかった

論点を得ることができます。そして、スティーブンが議論の上アナリストを納得させることができた場合、その保有銘柄への確信度を高めることができます。一方、その保有銘柄の問題点が見つかり、売却との判断に至った場合はより確信度の高い銘柄へ資金を移すことができます。

ヘンリー拠点の投資に対するユニークな考え方の1つに「人間は常に判断を誤る可能性がある」というものがあります。もちろん、間違いが起こらぬよう規律ある運用プロセスを確立し、様々な角度からポートフォリオを検証できるような体制をとっています。しかし、間違いがゼロとなることは想定しづらいため、失敗を成功に結び付けられるようにする手段の1つとして「保有銘柄へのチャレンジ」を実施しているのです。

この取り組みにより、現在の保有銘柄で投資判断に関わる見落としはないか、より良い投資機会があるのではないかを深く考え、常に確信度の高い、より良いポートフォリオ構築を目指すことができます。

投資においてオープンマインドで議論することは、新しい投資アイデアを探す際だけでなく、すでに投資を行っている保有銘柄のモニタリングの場面でも重要です。確信をもって投資を開始した銘柄であっても、保有を継続する中で適切でなくなることがあるからです。運用チームは常にベストなポートフォリオを維持するため、オープンマインド、柔軟な見方をもって、ポートフォリオの課題を見つけ出し、解決することに努めています。ポートフォリオ・マネジャーは最終的に自身の構築したポートフォリオに確信・信念をもつものの、その過程で仲間の意見に耳を傾けることは実に重要なステップです。他人の意見や考え、間違っているかもしれないことに心を閉ざすべきではないのです。チームのメンバーであれ、パートナーとなる証券会社のアナリストであれ、投資先企業の経営陣であれ、多くの人の意見に耳を傾け、自分たちが正しい道を歩んでいるか、正しいポートフォリオを構築しているかを見極めることは、非常に大切なプロセスなのです。

リスク管理の重要性

運用をする上では優れた銘柄を選ぶことが重要ですが、それだけではリターンを生み出すことはできません。存在する様々なリスクを管理することで損失を回避し、リターンを生み出すポートフォリオを構築できるのです。そのため、ファンドの運用にあたっては、リスク管理という手法が導入され、様々な角度からファンドの運用状況をモニタリングし、運用上のルールなどが守られているかどうかを確認しています。運用チームから独立した部門によるリスク管理プロセスのほかに、ヘンリー拠点ではリスク管理を運用プロセスの一環に組み込み、様々なレベルで実践しています。

個別銘柄のリスク管理（ポートフォリオの分散、個別銘柄リスクなど）

個別銘柄レベルでは、企業の財務分析や会計品質のモニタリングを行っています。会計の質のモニタリングについては10の基準で企業のリスクをスコアリングし、「レッドフラッグ」（危険信号）スコアの変化を長期的にモニタリングする仕組みを整えています。また定例のチーム・ミーティングや日々のチーム・ディスカッションで個別企業のもつリスクを洗い出していきます。

ポートフォリオのリスク管理

ポートフォリオレベルでは、偏ったリスクをとっていないか、例えば同じ規模の企業ばかりに投資していたり、景気動向により左右されやすい企業が多く組み入れられていたりするなどの偏りを回避するためのモニタリングを行います。

チーフ・インベストメント・オフィサー（CIO）によるチャレンジ

ヘンリー拠点では、リスク管理のために年に2回「CIOチャレンジ」というユニークなプロセスが採用されています。チーフ・インベストメント・オフィサー（CIO）とは、ヘンリー運用拠点の最高投資責任者のことをいいます。ここでは、CIOがポートフォリオ・マネジャーに対して、合理的にポートフォリオが構築されているかを問いかけます。具体的には、透明性、プロセス、投資戦略、投資環境に関しての考えが明確かどうかを検証します。それぞれの項目の詳細は次の通りです。

- 透明性：ポートフォリオ構成の背景にあるポートフォリオ・マネジャーの論理的根拠および投資意思決定の理由を把握。
- プロセス：再現性の高いプロセスに基づき、ポートフォリオ・マネジャーが運用を行っているかを確認。
- 投資戦略：全体的な投資戦略およびポートフォリオ・マネジャーの見解がポートフォリオ構成と首尾一貫しているかを確認。
- 投資環境：ポートフォリオ・マネジャーが最良の環境で運用を行うことができているかを確認。優れた投資判断を行うための環境に影響を及ぼす対象として、設備・人的資源の問題、チームの職場環境、システム環境、個人の貢献度などのあらゆる要素を確認。

これらの項目について問いかけをすることで、個々のポートフォリオ・マネジャーの運用が付加価値を提供できているかどうかを確認します。この「CIOチャレンジ」では事前の議題は用意せず、リスクを管理する部門がモニタリングの過程で発見した事象、事柄により、議題が常時変化します。

「CIOチャレンジ」には、時にはセールスなど運用部門以外のチームのフィードバックも含まれます。運用面だけでなく、顧客との関係性についても確認します。例えば、正しい方法で顧客との対話ができているかどうかや、プレゼンテーションのスタイルなども改善の余地がないか検討されます。

このユニークな仕組みにより、ポートフォリオ・マネジャーに課題が見えてくれば、すぐに改善が図られることになります。こういったチェック体制を整えることで、質の高い運用を実現できるようにするのです。

5. 運用者のメッセージ ～常に挑戦と改善を繰り返す～

私たちの投資哲学と運用プロセスは一貫しており、今後も変更することはありません。しかし、私たちは失敗から学び、課題に挑戦し、克服することで常に改善を図っています。

投資は非常に難しい世界です。「安く買って高く売る」を繰り返し、永続的に高いパフォーマンスを獲得できるのは、どんなに優秀なポートフォリオ・マネジャーにとっても難しいと考えています。そのような中で、持続的なパフォーマンスの獲得を目指すには常に課題に挑戦し、改善を図り続けることが重要です。

長い目で見れば、株式という資産クラスは人々にとって非常に有効な投資手段であると考えています。株式市場は常に価値を提供し、魅力的な価値をもつ企業を生み出してきました。一般的に、株式はインフレヘッジ効果が期待できることや、配当収入はこれまでも投資家にとってトータルリターンの非常に重要な部分であり、今後もそれが続くと思われます。日本の投資家にとってもインフレが身近な存在となった今、株式投資を行う意義が高まってきたと考えています。

中でも〝世界株式〟への投資は、最も基本的な株式投資の形であると思います。世界には常に興味深い企業が存在しています。それは数百社程度とそれほど多くはありませんが、私たちのように厳選投資を行うポートフォリオ・マネジャーにとっては、世界という広い範囲を対象とすることで、興味深い企業を見つけられる可能性が高くなります。株式の投資家が注目すべき点は、世界の情勢に関係なく、比較的少数の魅力的な機会に焦点を当てることであると考えています。

こうした投資機会の中には、日本企業も含まれます。日本企業は歴史的に、欧米企業と比較して収益性や株主還元などで見劣りすることが指摘されてきました。しかし、私たちが個別企業ベースで詳細に分析を行うと、優れた競争力とファンダメンタルズを有し、バリュエーションを考慮すると欧米企業と肩を並べるリターンが期待できる企業がいくつも見られます。当運用では世界に数ある企業の中からベストと判断する企業を40～50銘柄厳選しますが、その中には日本の世界的なエレクトロニクス企業や大手飲料企業など、〝世界のベスト〟と考える日本企業も複数含まれています（2023年2月末時点）。

株式投資は簡単ではありません。未来を予測することは難しく、実は買うことを躊躇するようなタイミングが買い時で、まだこれから上がると思うような良いタイミングが売り時ということもあります。そして多くの人にとって、心理的なものに左右されるため売買タイミングをコントロールするのはとても難しいことです。したがって、適切に管理され、一貫した投資哲学のもとに運用されるファンドを見つけ、長期的に保有することが大事ではないかと考えます。

本章で見てきた通り、インベスコのヘンリー拠点が長年にわたって培ってきた組織カルチャー、一貫した投資哲学、それに基づき株式投資の「王道」である「成長」「配当」「割安」に着目して厳選投資する運用手法が、長期的にお客様にとって恩恵をもたらすと強く信じています。私たちはこの運用によって、様々な市場環境でのリターンの獲得を目指し、投資家の皆様の資産形成のお役に立ちたいと考えています。

第4章

資産運用会社インベスコ

1. 資産運用会社とは

資産運用会社は日本では運用商品である投資信託を直接販売しないケースが多いことから一般的に認知度は高くありませんが、個人投資家や機関投資家からお預かりした資金を株式・債券・不動産など、様々な資産で運用することを本業としています。

資産運用のはじまり

資産運用の歴史は、1815年、スコットランドの首都エジンバラで始まったとされています。当時の英国は、1793年に参戦したフランス革命戦争以降、1802年から1803年の短い休戦期間を除くとナポレオン戦争と続けて20年近く戦争状態にありました。1815年に英国側の勝利で終戦を迎えるも、父や夫、息子を戦争で亡くして独り身となり、収入源を絶たれ極度の貧困に陥る女性や子どもが後を絶ちませんでした。国土に残ったスコットランド男性たちが中心となり、戦争で家族を亡くしたとしても女性が未来を生き延びるお金を持てるように資金を集めて運用し、「スコットランドの寡婦年金（スコティシュ・ウィドウズ）」という仕組みを立てたことが資産運用のはじまりとされています。

投資信託の歴史

資産を増やすことを目的とした、世界で初めての投資信託は1868年の英国・ロンドンで誕生しました。19世紀の英国はヴィクトリア女王統治の下、圧倒的な工業力と軍事力を持ち、欧米諸国、アジア、アフリカへ自由貿易主義を拡大します。1851年には世界初の万国博覧会をロンドンで開催するなど世界中にその技術力を見せつける一方、庶民の生活は過酷でした。元々農民であった地方在住者が都市に出て労働者となり、子供から大人までが1日16時間を超えるともいわれる長時間労働に耐え、不衛生な環境下、狭い部屋にすし詰めの状態で生活せざるを得ませんでした。これに耐え、金銭的余裕をもつようになった中産階級が育ちはじめた頃、フォーリン&コロニアル（Foreign & Colonial）社が、現代の外国債券ファンドに近い「フォーリン・アンド・コロニアル・ガバメント・トラスト」を設立しました。

もともと投資といえば、貴族や資産家の資産保全のために行われるものが大半でした。しかし、フォーリン&コロニアル社は当時増え始めていた中産階級を販売対象とします。彼らが資本家同様に運用益を享受できるようにした点は画期的でした。低単価で手が届きやすく、複数の外国債券および英国植民地の債券を組み合わせて商品化することでリスク分散もなされており、資産を持ち始めていた中産階級の間で1880年代を中心に大きなブームとなりました。

日本での投資信託の始まりは、1951年6月に「証券投資信託法」が施行された時です。戦後の経済復興に向けて取り組む中、財閥解体などの影響で市場には株式があふれる一方、買い手が不足している状態でした。株価が大幅に下落している上に株

1870年のロンドンの様子

式市場も沈滞しており、企業が必要な資金調達を行う環境が整っていませんでした。そこで、国民が保有する預貯金の一部を証券投資に振り向ける投資信託の活用が考えられ、発展を遂げていくことになりました。

新設当時は「単位型ファンドを毎月新設する方式」が採用されています。募集期間1ヵ月、2年間の短い信託期間、販売価額は固定（1口5000円、66年設定分から1万円の額面金額）で販売する仕組みで、個人が購入しやすい上に、金融機関も販売しやすい商品でした。1952年には追加型ファンドの販売が開始されたものの、主流は毎月募集の単位型ファンドで、信託期間が5年に延長されるなどの変遷を辿ります。株式という変動の大きい投資対象であるにもかかわらず、期間が限定されている点は世界的にも珍しいものでしたが、高度経済成長期の株価上昇に伴って拡大基調が続きました。

1990年代後半からは、欧米諸国では一般的であり、2020年代の現代日本でも主流となる「無期限追加型かつ日々変動する時価で販売するファンド」が販売されるようになります。

図表4-1　世界の投資信託の残高推移

ミューチュアルファンド、上場投信、機関投資家向けファンドを含むオープンエンド投資信託のデータ（ファンド・オブ・ファンズを除く）。
出所：一般社団法人投資信託協会「投資信託の世界統計」よりインベスコ作成。2022年12月末の為替レートにて換算（1米ドル＝133.70円）。

世界の資産運用会社の市場規模

世界で初めての投資信託が誕生してから150年以上が経ちますが、世界の投資信託の市場規模は拡大を続けています。公募投信の数は2021年末時点で13万1808本あり、これは2011年末時点の9万8074本と比較して約1・3倍です。

また、世界の投資信託の残高は2022年までの約10年間で2倍程度に拡大しており（図表4－1）、世界の経済成長とともに資産運用会社も拡大をしてきたといえるでしょう。

独立系資産運用会社の強み

世界には数千を超える資産運用会社があり、２０２３年3月末時点で日本国内だけでも１０９社（一般社団法人投資信託協会　正会員）が存在します。資産運用会社を大きく分けると、銀行・証券・保険会社のグループ企業と、独立系の企業があります。前者は系列企業の方針や意向の影響を受けることもありますが、後者はどのグループにも属さず、良好な運用実績を評価されて受託した資金を運用します。この点では、インベスコは独立系の資産運用会社として分類され「運用専業である」という点が特徴として挙げられます。

出所：David Chambers (University of Cambridge) and Rui Esteves (University of Oxford) , "The First Global Emerging Markets Investor: Foreign & Colonial Investment Trust 1880-1913"
出所：杉田浩治「発足から満60年を迎える日本の投資信託―その軌跡・現状と今後の課題―」、日本証券経済研究所、２０１１年5月。
出所：Statista、２０２２年6月。

2. インベスコについて

インベスコは2022年12月末時点で185兆円超(1兆4092億米ドル、131.945円/米ドルで換算)の資産をお預かりし、世界20ヵ国以上において、グローバル市場で培った独自の運用力を結集した様々な投資商品・サービスを提供しています。米国アトランタに本社を構え、ニューヨーク証券取引所に上場しており、S&P500の指数構成銘柄です。世界の各拠点で働く従業員数は8000名を超え、うち運用プロフェッショナル800名とともにお客様の投資目標達成のために日々尽力しています。

運用資産を国・エリア別でみると、その内訳は北米で71%、アジアで16%、欧州で13%です。リテール(一般投資家)のお客様が62%を占め、機関投資家(金融機関、年金基金、年金運用コンサルティングなど)が38%です。運用資産構成比は株式45%、債券22%、マ

図表4-2　インベスコの運用資産規模と構成比

国・エリア別構成比

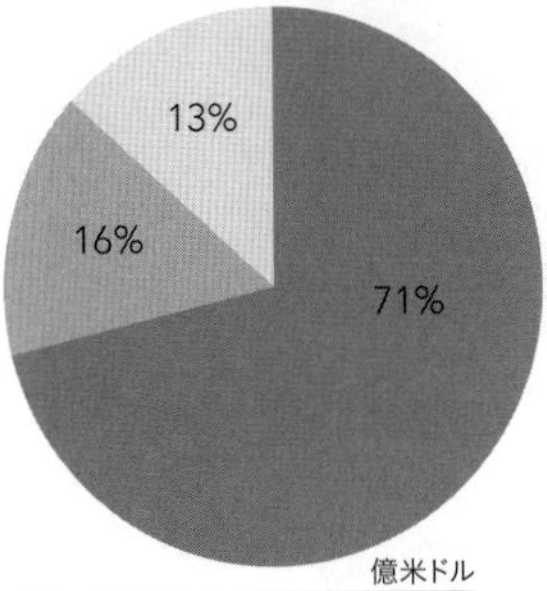

	億米ドル
北米	9,994
アジア	2,235
欧州	1,863
合計	14,092

顧客層別構成比

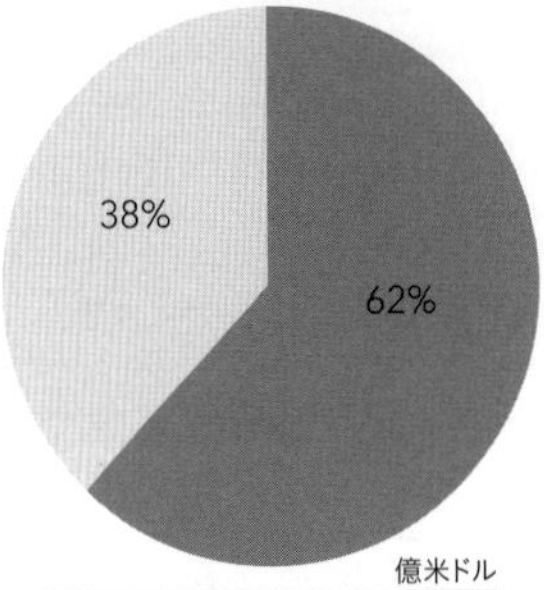

	億米ドル
リテール	8,723
機関投資家	5,369
合計	14,092

運用資産別構成比

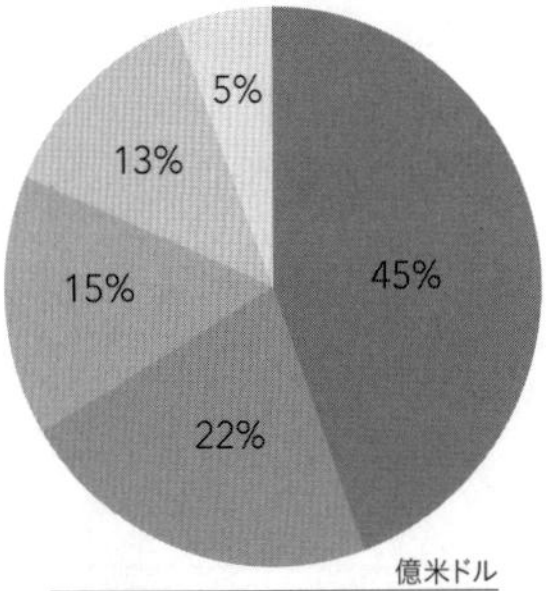

	億米ドル
株式	6,370
債券	3,137
マネーマーケット	2,035
オルタナティブ	1,879
バランス型	671
合計	14,092

出所：インベスコ、2022年12月末時点。2022年12月末時点の運用資産残高は1兆4,092億米ドル。

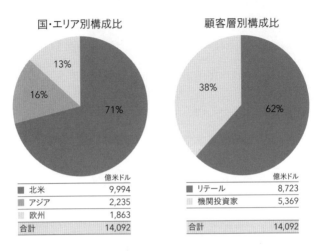

図表4-3　インベスコ 世界の主な拠点

出所：インベスコ、2023年3月末時点。

ネーマーケット15%、オルタナティブ13%、バランス型5%です（図表4－2）。

総合すると、中でも本社がある北米ビジネスのシェアが高くなっています。顧客層別ではリテール向けの割合が多くなっていますが、世界有数の機関投資家や年金基金などの資金をお預かりして運用するなど機関投資家ビジネスにも強みがあり、バランスのとれたビジネス基盤をもっています。

社名の由来

「インベスコ」は1978年、シチズ

インベスコの最初のロゴ。線は、チャールズと8名のパートナーを表す。

ンズ・サザン銀行の運用部門が独立し、アトランタに新たな会社を設立した際に誕生した名前です。創立者チャールズ・ブレディと8名のパートナーで案を出し合い、〝Invest〟（インベスト、投資）と〝Company〟（カンパニー、会社）を組み合わせて〝インベスコ（INVESCO）〟としました。当時の運用資産は4億米ドルでしたが、今日では世界でも有数の資産運用会社となり、世界中で約1・5兆米ドルの運用資産をお預かりしています。社名が誕生した時から一貫し、独立系の資産運用会社として純粋に投資と向き合い、お客様の投資目標達成を目指しています。

創立者　チャールズ・ブレディ

チャールズ・ブレディは米国アトランタに生まれ、人生の大半を同地で過ごします。10歳の頃に父が病に倒れた関係で、高校卒業後は地元のスーパーの肉売り場でアルバイトをしながら家計を助けました。ジョージア工科大学に進学し、卒業後2年間米国海軍への従事を経て、証券会社グッドボディ・カンパニー（後にメリルリンチと合併）の株式売買担当としてキャリアをスタートします。7年後、チャールズは〝偉大な師〟と仰ぐシチズンズ・サザン銀行会長のミルズ・レーン・ジュニア氏に採用されてから、資産運用業に携わるようになりました。

チャールズは資産運用業に未来を見出し、銀行内に専業部門が創設されるべきだと強く主張しました。その結果、シチズンズ・サザンは米国の銀行として初めて投資顧問部門をもつようになりました。彼は後にこの部門を他8名の同僚とともに切り離して独立させ、今のインベスコにつながる歴史が始まります。

チャールズ・ブレディ

出所：アトランタ・ジャーナル＝コンスティチューション

チャールズはインスピレーションあふれる力強いリーダーで、厚い人望がありました。米国で講演を開くとなると会場はまたたく間に満員となり、フィナンシャルアドバイザーが集まる1000名規模の会場でスタンディングオベーションで迎えられるというほど顧客からの信頼も集めていました。旅行が好きで、ワインやウイスキーを嗜み、サッカーやF1観戦が趣味で、家族と過ごすことが喜びだと話す、好奇心旺盛で愛情深い男性でもありました。少なくとも年に一度は来日し、好物であったとんかつを食べる機会をとても楽しみにしていたという一面もあったようです。

インベスコの歩み

インベスコは複数の企業との統合を重ね、様々な会社の良い面を吸収しながら拡大してきたという歴史をもちます。そのルーツは1935年の英国にまで遡ります。1930年代といえば、1929年から始まった世界大恐慌の影響が世界に広がっていた時期であり、英国経済もその影響を受けていました。英国では1930年代初頭にかけて高い失業率、経済成長の低迷、デフレーションといった問題に直面し、これに対処するため英国政府は金本位制を放棄して、ポンドの切り下げや為替管理制度を導入します。

これらの政策により徐々に効果が現れ、英国経済に回復の兆しが見え始めた1935年12月、後にインベスコと統合するH・ロテリー社（後のブリタニア・グループ）

が設立されました。

当時英国経済は復調し始めていましたが、失業率はまだ高いままであり、多くの産業が苦境に立たされている状況でした。経済的な苦難に直面する時代において、社会的責任を果たすことを目指した資産運用会社として、インベスコの前身企業は誕生したのです。

一方、米国のインベスコでは、第二次世界大戦や冷戦で世界情勢が揺れる中でも運用と向き合い、拡大を続けていきます。インベスコをさらに世界へ広く展開していきたいと考えていたチャールズ・ブレディは、英国ブリタニア・アロー社（ブリタニア・グループ）へインベスコ株式の45％を売却し、業務提携によって海外での事業展開を加速させていきました。ブリタニア・アロー社は同じく英国を拠点とするモンタギュー・インベストメント・マネジメント社（ＭＩＭ）を傘下に持っていましたが、ＭＩＭの事業に陰りが見え始めた１９８８年、チャールズと親交の深かったＭＩＭ代表者の熱烈なアプローチにより、ＭＩＭが上場していたロンドン株式市場の株式を全て買い取りました。インベスコＭＩＭとなった同社はロンドン株式市場で上場を果たすことになり、インベスコの第二章が幕を開けたのです。

1990年代に入り、債券運用、不動産投資、バンクローンなど、様々な分野で強みのある企業との統合を進め、これまで運用していなかった戦略のバリエーションも増やしながら事業を拡大していきます。中でも特筆すべきは1997年に米国ヒューストンを基盤とするAIMマネジメント・グループと合併をしたことです。AIMは1980年代後半に機関投資家向けの超低コストMMFによってわずか1年で25億米ドルの資産を集めて成功を収めたほか、運用していた18ファンドのうち8商品がモーニング・スター社の最高評価を得ており、その高いパフォーマンスと精力的なマーケティング活動から一躍有名となった企業です。当時国際的な知名度を上げていたインベスコと、その運用基盤が高く評価されていたAIMの両社は合併後アンベスキャップ(AMVESCAP)社へと名を変え、取扱商品の拡充とサービス向上を実現しました。

その後も2000年に英国のパーペチュアル社と統合したほか、2005年にマーティン・L・フラナガンが社長兼CEOに着任するとさらに事業拡大のスピードが加速し、2006年にETF運用会社パワーシェアーズ(NASDAQ100連動のETF

であるQQQを運用）を取得しました。また、2007年5月に社名をアンベスキャップからインベスコに変更したことは、各社の戦略の魅力やカルチャーの良さを活かしながらより強いブランド力を発揮するきっかけとなっています。

2010年にはヴァン・キャンペン・インベストメンツを含むモルガン・スタンレー社の資産運用事業の一部を取得、同年AIGグローバル・リアル・エステート・インベストメント・コープのアジア地域および日本の不動産事業資産を取得するなど拡大していきます。さらに、欧米のETF事業の取得も進め、今日に至っています。

このように複数の会社を統合するにあたり、合併が円滑に進むかどうかはビジネスを拡大する上で非常に重要です。インベスコはこれまでの歴史の中で、多くの企業や部門を統合し相乗効果を生み出しながらできた組織です。各社・各部門に歴史と伝統があり、各運用チームには独自の運用哲学がありますが、その中でインベスコらしさを押し付けるのではなく、統合先企業の良さを残すことを重要な軸としてきました。

アトランタに本拠地を構えるということ

米国であれば、金融機関はニューヨークやボストンなどの東海岸や、ロサンゼルスなど西海岸の大都市で多く見られますが、インベスコは創立の地であるアトランタに本拠地を構えます。

アトランタは米国ジョージア州の州都で、夏は35度前後まで気温が上がり、冬には雪が降る、日本と似た気候の場所です。姉妹都市の1つである福岡市とほぼ同緯度に位置し、人口は52・2万人です(2022年国勢調査)。1996年には夏季オリンピックが開催され、世界的にも有名な都市となりました。アトランタに本社を置く企業ではコカ・コーラ、デルタ航空、CNNなどが有名です。

アトランタは古くから鉄道交通の拠点として発展し、綿花産業の中心地として栄えてきました。1861年に始まった南北戦争でアトランタの街は焼き払われますが、

図表4-4　インベスコ創立の地　アトランタ

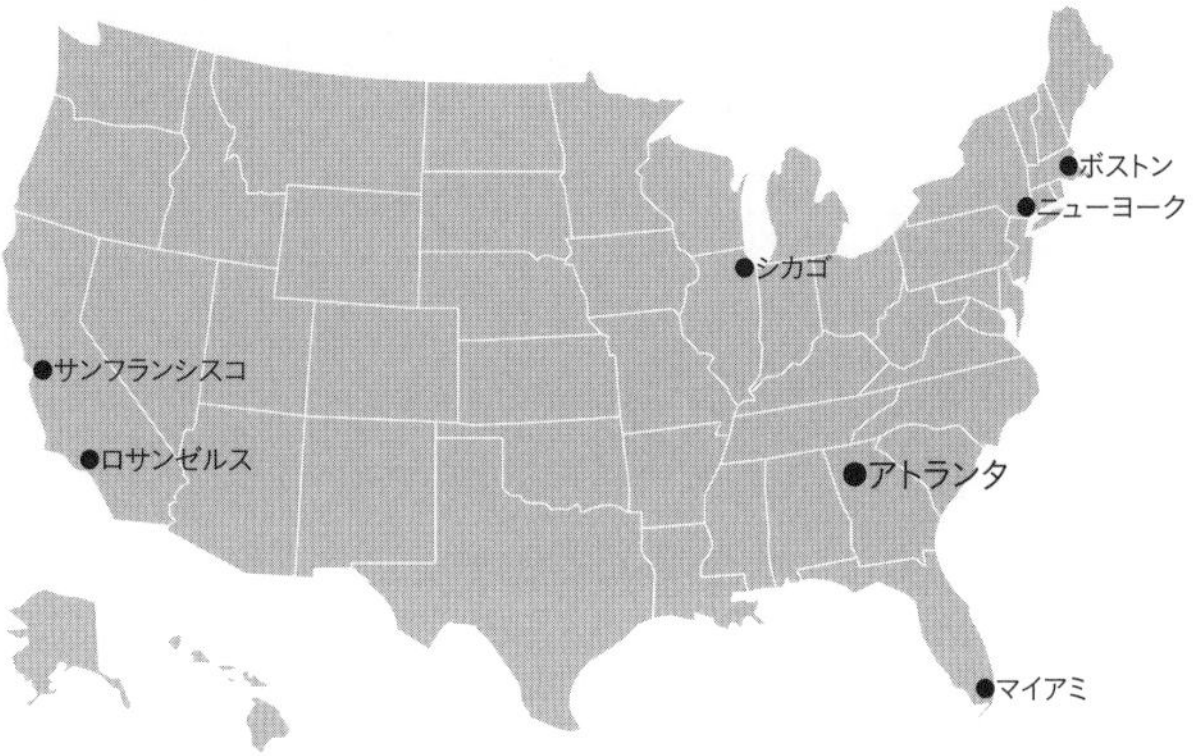

出所：インベスコ

インベスコ本社ビル（アトランタ）

1870年代半ばまでに綿花を中心とした農産品によって急速な発展を遂げ、1881年には国際綿花博覧会を開くほどの復興を果たしました。1868年にジョージア州の州都となってからは人口流入が加速し、今日につながる一大都市となります。一方で「森の中の都市（The City in a Forest）」とも呼ばれており、都市でありながらも市内の半分は木や緑に覆われ、自然の豊かさを感じられるという一面もあります。

米国には「サザン・ホスピタリティ（Southern Hospitality）」という言葉があります。直訳すると「南部のおもてなし」で、アメリカ南部の住民が自分の家や地域を訪れる人に対して親切で温かく迎え入れる文化を示します。アトランタはまさにこの「サザン・ホスピタリティ」が浸透している場所で、街を歩くだけでも人の温かさに触れることができる点は特徴的です。

また公民権運動の指導者として知られるマーティン・ルーサー・キング・ジュニア（キング牧師）生誕の地でもあり、多様なバックグラウンドをもつ人が豊かに共生していることもアトランタを語る上で欠かせない要素でしょう。

人の温かさを感じる土地で、気持ちや時間にゆとりをもつことのできる場所にあり、建物の中にいても窓の外に緑の広がる様子が見える環境がインベスコのカルチャーに与える影響は大きく、いわゆる大都市のスピード感あふれる環境とは一線を画すといえるかもしれません。

インベスコのカルチャー

インベスコという会社のカルチャーはどのようなものかと問われると、次の3つの特性があげられます。

①運用業務への専念

独立系資産運用会社として、私たちの本業である運用という「自分が最も得意とするものに焦点を絞ること」を指します。

②思考の多様性

「あらゆる可能性を考える広い心」を指し、様々な意見・考え方を尊重する風土があります。

③高い向上心

現状と同じレベルでは満足せずに、より一歩先を目指す姿勢を指します。妥協することなく、常に高い向上心をもって取り組むことが社員のカルチャーとして根付いています。

特に2点目の思考の多様性は、運用チームにとっても大きな影響を与えています。インベスコでは各拠点や各運用チームにおける意思決定の自由度が高く、独自のカルチャーを形成する1つの重要な要素です。会社全体で統一された運用哲学や運用プロセスをもたず、市場の見通しについてもハウスビューがないことは大きな特徴です。ハウスビューとは、会社で統一した市場見通しのことです。インベスコでは思考の多様性を重視しハウスビューをもつ代わりに各運用チームが独自の見通しを立てています。

また、思考の多様性を重視していることから、インベスコには全社の運用戦略を統括し、代表するグローバルＣＩＯは存在しません。全ての投資ニーズを満たすたった１つの答えなど存在しないと考えているからです。各拠点や各運用チームにＣＩＯがおり、投資方針は運用商品ごとのポートフォリオ・マネジャーに委ねられているため、それぞれの運用哲学のもと、マーケットの状況や商品の運用目的に合わせて各ポートフォリオ・マネジャー独自の投資判断ができるというメリットがあります。各運用チームがそれぞれの運用哲学をもっていることは、インベスコのユニークな点です。

インベスコのパーパス（存在意義）

インベスコは、素晴らしい投資体験を通じて人々の人生をより豊かなものにしていきますこれは、インベスコのパーパスです。世界の各拠点で業務に取り組むインベスコの社員にとって、共通のパーパスをもつことは大変重要です。日々の業務に何のために取り組むのか、また会社として進む方向性を明確にする道しるべとなっています。

では、このパーパスとは何でしょうか。パーパス（Purpose）という言葉は「目的」という言葉に訳されることが多いものの、私たちは「存在意義」と定義しています。パーパスを掲げることで仕事へのやりがいやエンゲージメントが向上する効果もあり、定期的にワークショップなどを行いながら社内への浸透を図っています。金融機関の中でパーパスを定めている企業はあまり多くありませんが、インベスコは２０１５年、業界に先駆け導入しています。組織として「何をどのようにするのか（Ｗｈａｔ）」だけではなく、「なぜそれをするのか（Ｗｈｙ）」を共通認識としてもつことが、今後の成長に不可欠だと考えたからです。

このパーパスが定義されるまでには、長い道のりがありました。まずは競合各社が各々をどのように表現しているのかを詳細に調べることから始めます。そこで目にしたのは、「長期的な投資パフォーマンス」「世界的な規模」「信頼」「お客様重視」など、大変似たキーワードばかりが見受けられる状況でした。そこで、インベスコ独自の価値をどのように発揮できるのかを探求するプロセスが始まりました。

世の中を広く見渡すと、企業の多くはお客様に提供する商品やサービスなど「自分たちが何をしているのか（What）」「どのようにそれをするか（How）」、についてはよく説明しています。しかし、「なぜその事業を営むのか（Why）」という目的についてまで説明できる企業は限られます。こうした企業は「存在意義主導」、つまり社員の意欲が高まる核となる信念や明確な目的意識をもっており、これがパフォーマンスを発揮する基盤となっていることを理解しました。

次に、「インベスコの存在意義」を世界中の全社員がどのように認識しているかを把握するため、2015年当時の社員6500名を対象としたアンケートで「インベスコのどのような点が特別か」を聞き取りました。この内容を170名のマネジャー層や、世界10地域で選任された社員へのインタビューを通して深掘りし、インベスコ全体で深く話し合いました。最終的にはインベスコ各拠点のCEOを中心とした代表者50名が一堂に集まり、一言一句、丁寧に議論を重ねた上でパーパスは完成したのです。

インベスコ日本拠点の代表取締役社長兼CEOを務める佐藤秀樹（2023年4月現在）も日本の代表としてこの会議に参加しました。「特に印象深いのが〝投資体験〟という言葉を議論した際のことだ」と話します。「当初は〝投資体験〟の代わりに、〝投資パフォーマンス〟という言葉が選ばれていました。金融は数字が重視される世界であり、運用の成果で評価されることが多いため自然と出てきた言葉であったでしょう。しかし、この言葉には違和感を覚えました。なぜなら、資産運用会社が提供できるものは金銭的価値だけではないと思っているからです。正しい投資の知識を身に付け、必要な資産を築いていくことで、より豊かな人生を歩んでいくことができる。私たち資産運用会社は、その一助になることができるし、むしろそうあるべきだと強く信じています。車で例えると運用部門はエンジンですが、車はエンジンだけで成り立つわけではなく、他の部品やパーツが組み合わさって初めて車となり、さらにサービスまで含めて評価されることでお客様に選んでいただくことができるのです。1つのパフォーマンスの良し悪しではなく、お客様がインベスコの運用商品の購入時から最後に解約・売却するまでの一連の流れの中で、素晴らしい体験をしてもらうことを重視したいと思っています。そこで、〝パフォーマンス〟ではなく〝体験〟が良いのではないかと発案しました。この〝投資体験〟という言葉には深い意味を込めているのです」

3. インベスコ 日本拠点

インベスコの日本拠点は2023年、日本に事務所を開設してから40周年を迎えました。実はインベスコの日本拠点は、外資系資産運用会社が日本に拠点を構えることが可能となった時点で事務所を開いた初期6社のうちの1社です。

インベスコ 日本拠点の歴史

1960年代、戦後復興を経て日本の高度成長は軌道に乗り、投資先としての魅力を増していました。後にインベスコと合併をする資産運用会社MIMの母体である英国のマーチャントバンク、サミュエル・モンタギューは、1962年に日本市場が海外投資家へ開放されたと同時に対日投資を開始しました。さらに、1980年の外為法（外国為替及び外国貿易法）改正によってこれまで外資系金融機関による日本の証券投資が「原則禁止」とされていた体制から「原則自由」へ大きく変更され、資本自由化が完成しました。１９８３年に外資系運用拠点に門戸が開かれてからすぐにＭＩＭは東京に駐在員事務所を開設し、個人向けの日本株式ファンドや海外の年金資金向けの日本株式運用をスタートさせました。

１９８６年、経済成長によって日本国内の個人・法人を合わせた金融資産の総額は約８００兆円に達していました。その後も年々50兆円以上の規模で増え続け、資産運用を専門的に助言する企業へのニーズが高まり１９８６年に投資顧問業法が施行されたことに伴って、ＭＩＭはエムアイエム・トウキョウ株式会社（後のインベスコ投資顧問株式会社）を設立します。１９８７年には投資顧問業者としての登録が認められ、投資一任業務認可も取得し、本格的に日本での資産運用事業の展開を開始しました。そもそも日本が投資一任業務を解禁した背景は将来の年金資金の運用を前提とするものでした。同社は１９９２年に厚生年金基金、１９９５年に公的年金の運用を受託します。

一方、1990年に大蔵省が公表した「証券投資信託業務の免許基準の運用について」を受けて外資系企業が投資信託委託業務へ参入できるようになり、日本初の外資系投信会社の1社としてエムアイエム投信株式会社（後のインベスコ投信株式会社）が設立されます。1996年にインベスコ投資顧問株式会社とインベスコ投信株式会社は合併し、インベスコ投信投資顧問株式会社となりました。

2006年には運用資産残高が1兆円を突破し、インベスコは日本における資産運用を拡大していきます。2010年には、モルガン・スタンレー・アセット・マネジメント株式会社（現モルガン・スタンレー・インベストメント・マネジメント株式会社）より運用業務の一部を統合しました。2014年に社名を「インベスコ・アセット・マネジメント株式会社」へ変更し、運用資産規模は2014年に3兆円、2022年には7兆円へと拡大しています。

日本拠点では設立から40年にわたり、日本のお客様の多様なニーズに応じた幅広い投資商品・サービスの提供に努めています。国内外の株式・債券の伝統的な資産の運用から、バンクローン・不動産・プライベートエクイティをはじめとしたオルタナティブなどの非伝統的な資産の運用まで幅広く行っています。

出所：財務省「対内直接投資自由化に係る日本の経験と日本からの対外直接投資の現状等に関する調査」、株式会社日経リサーチ、2005年。

インベスコ 日本拠点について

2022年12月末現在、日本における運用資産総額は7・5兆円超です。※ その内訳は債券・クレジット、国内外の株式運用、REITを含む不動産運用が主です。また大きな特徴は、外資系資産運用会社でありながら日本拠点にて日本株式に投資する運用チームを持つ数少ない企業の1つであり、その運用規模は日本株式アクティブ運用で外資系として大手の一角を占めています。

※2022年12月末時点。右記には、弊社の受託資産残高に加えて海外関係会社が投資信託などを通じて運用サービスを提供しているもののうち、弊社がそのサポートなどを行っている投資信託などの残高やグループのインベスコ・グローバル・リアルエステート・アジアパシフィック・インク（日本支店）が運用する資産を含みます。

日本拠点の社員は約110名で、体制としては大きくフロント・ミドル・バックの3つの業務に分けられます。フロント業務は日本のお客様とインベスコをつなぐ役割を担っています。例えば世界株式運用の場合、ファンドを組成する運用者は海外にいますが、日本拠点ではプロダクト・マネジメント本部が海外拠点と日々コミュニケーションを取りながら、運用者に代わり最新の状況を日本のお客様へ伝えるための体制を築いています。また、営業部門は弊社投資信託のお取り扱い金融機関および個人のお客様へ自社が運用するファンドの理解を深めていただくために、セミナーなどを開催します。

ミドル業務は、主に運用商品の情報開示やリスク管理を行います。商品企画部はファンドの投資信託説明書（交付目論見書）や運用報告書を作成し、クライアント・レポーティング部は月次レポートを作成します。リスク管理については、コンプライアンス部やリスク管理部などがファンドをモニタリングし、ファンドの運用方針から逸脱した運用が行われていないことを確認しています。

バック業務については、オペレーション部が日々ファンドの投資先の売買・資金流入を会計システムに入力して基準価額の算出を行い、テクノロジー部が社内システムの開発や保守業務などを担います。また、人事部や経理部など会社を支える部署もバック業務に分類されます。

日本拠点のカルチャー

いわゆる外資系企業といえども、国外の同僚とコミュニケーションを取る時以外は日本語が中心となります。しかし、そのカルチャーはインベスコが世界の各拠点でもつものと変わりません。パーパスが浸透し、インベスコの3つの特性である「運用業務への専念」「思考の多様性」「高い向上心」が実践されています。

日本独自の取り組みとして、会社のプロモーションの一環で社員の多くが出演するビデオを制作したり、親しみやすさのあるマスコットを制作してイベントに参加したりするなど、金融の枠組みにとらわれずに、業界外のトレンドにも敏感に、様々な挑戦をしてきました。

私たちが数年前に行ったこうした取り組みは、今では業界他社も取り入れるなど、業界に一歩先んじた対応をしています。これはまさにインベスコがグローバルでもつ「思考の多様性」をはじめとするカルチャーを日本拠点においても体現しているものと考えています。

外国で運用する商品が日本のお客様の元へ届くまで

7・5兆円超の資金（2022年12月末現在）を日本のお客様からお預かりするインベスコの日本拠点ですが、日本株式以外の商品は海外で運用されています。ここでは、そうした海外で運用されている商品がどのような形で日本の皆様に届けられているのか、日本拠点の役割とは何かが分かるよう、主に投資信託に関するフロント業務の3部署、プロダクト・マネジメント本部、リテール営業本部、マーケティング本部の役割・業務にスポットライトをあてて紹介したいと思います。

プロダクト・マネジメント本部が「見出す」

一定以上の規模の運用会社には、正式名称は様々ですが省略して「プロダクト」と呼ばれる部署が必ずあります。その役割は数多くの運用商品の中から、競争力があり、日本の投資家の様々な課題の解決策となり得るものを見出し、ファンドとして育てていくことです。

「世界のベスト」も見出された運用商品の1つです。

さて、数多くの運用商品の中からどのようにして日本の投資家のニーズに合った商品を見出すのでしょうか。過去の実績は運用商品の実力を測る1つの重要な要素ではありますが、それがすべてではありません。運用商品の付加価値を正しく評価するには、その運用商品が投資対象としている株式・債券などの市場や、運用を行うチームの投資哲学、運用手法、運用プロセスなどを深く理解する必要があります。そのためプロダクト・マネジャーは担当する資産クラスの運用に精通し、運用チームと対等のコミュニケーションを行うことが求められます。

インベスコのプロダクト・マネジメント本部では資産クラスの専門性を重視し、債券、株式・マルチアセット、不動産などのリアルアセット、インデックス運用の4つの部署で構成しています。ここまで紹介してきた「世界のベスト」はプロダクト・マネジメント本部の中で、株式・マルチアセット部が担当しています。プロダクト担当の立場からは、インデックス運用と大きく異なる「成長」「配当」「割安」という株式のリターンを生む源泉に着目した運用スタイル、株式に詳しいベテラン個人投資家でも知らないような米国以外の銘柄へのユニークな投資機会も提供していることなどが幅広い投資家のポートフォリオに付加価値を提供すると考えています。

リテール営業本部が「つなぐ」

他の多くの資産運用会社と同様に、インベスコの中には大きく分けて2つの営業ラインがあります。それは、金融のプロをお客様とする機関投資家営業と個人投資家をお客様とするリテール営業です。ここではインベスコのリテール営業本部が、いかにしてグローバルで展開するインベスコの運用ノウハウを、日本の投資家の皆様につないでいるのか、そのプロセスとともに、私たちのビジネスについて紹介します。

インベスコはグローバルに展開する資産運用会社であることから、海外の優れた運用商品を日本のお客様にも提供できるよう努めます。もちろん、それは営業部門のみで完結することではなく、運用部やプロダクト・マネジメント、マーケティング、管理部門など、多くの部署と連携して進めます。

では、リテール営業本部では具体的に何をしているのでしょうか。

まず、常に国内外の情報にアンテナを張り、日本の投資家へ提供すべき優れた商品があるかリサーチをしています。優れた運用商品や日本の資産形成に資する運用商品を見つけた場合には、まずは自らがその運用について深く学び、その運用の強み、日本市場内での位置付けなどを分析します。この過程では、プロダクト・マネジメント本部と協働します。

そして十分な分析や準備のもと、販売会社である銀行や証券会社などの金融機関へ提案に伺います。単に優れた商品を提案するだけでなく、販売会社ごとの既存の投資信託ラインナップにどのような商品があるのかを理解することも重要です。販売会社の想定顧客を分析し、分散投資の観点からポートフォリオに加えることで、よりリスクを軽減できる可能性をもつ弊社商品の提案をするなど既存商品と新規商品をつなぐことも大切となります。販売会社では、国内市場での競合分析や日本での商品化の可否を判断し、条件が整った場合に、商品化されることとなります。

リテール営業本部ではこれらの過程で、多くの「つなぐ」責任を担っています。つなぐべきことは多岐にわたりますが、大切なことの1つは、海外でのノウハウを日本の枠組みに合うようにつなぐことです。海外の運用商品をただ日本に持ち込むだけでは、言語も文化も金融システムも、何も考慮されていません。そこで営業本部が海外の運用商品と日本の投資信託の販売環境をつなぎます。この商品は、地域に特化した運用なのか、業種に特化した運用なのか、グローバルに目を向けた運用なのか、銘柄を絞った運用なのか。これらを日本のニーズに合うように読み解き、販売会社につなぐのです。

営業担当者は運用商品のパフォーマンスに影響を与えることはできません。それはポートフォリオ・マネジャーの役割です。営業部門では、すべてはお客様のために、日本ではどのような点に着目し、どのような表現でファンドを説明するのが適切かを検討します。この段階ではマーケティング本部と協働していきます。

マーケティング本部が「伝える」

マーケティング本部の重要な責務は、商品の魅力やその運用成果をお客様へ伝えることです。商品のみならず、その商品を運用しているインベスコという会社を知っていただくためのブランディングや広報活動も含まれます。

新商品の立ち上げ時には、その特徴と利点を整理し、どのように他の商品との差別化をするか、その特徴を分かりやすく伝えるかをチームで議論します。時には、どのような愛称をつければその商品の特徴を表現できるか、身近に感じていただけるかなどのアイデアを出し合い、プロダクト本部やリテール営業本部などの関係者全員で話し合って決めることもあります。通常はあまり気に留めないかもしれませんが、資料の表紙の写真やイラストを決める際も幾度にもわたって深い議論を行っているのです。

ちなみに、他業界ではパンフレットと呼び、金融業界では販売用資料と呼んでいる資料があります。この資料の表紙はファンドの顔としてそのイメージを表すものです。2023年3月時点の「世界のベスト」の販売用資料の表紙には、3本の柱が描かれています。これは、「世界のベスト」のキーメッセージの柱となる「成長」「配当」「割安」を表していたり、上に伸びる柱に資産の成長の意味を込めていたり、表紙に収まりきらない大胆な柱の構図は「枠に収まりきらないインベスコ」を表現していたりと、実は多くの意味が込められているのです。歴史ある建造物の柱は、「歴史」や「王道」

販売用資料の表紙(インベスコ 世界厳選株式オープン)2023年3月

といったキーメッセージとの関連性も意識しました。

　また、ファンドの基準価額が日々変動するため、管理本部やプロダクト・マネジメント本部と連携しながら定期的にレポートを作成することも重要な業務となっています。現在の状況、今後の見通しなどを報告し、その商品を保有する投資家からお預かりしている大切な資金の運用についての説明責任を果たします。

　弊社ウェブサイトやYouTubeでは月次で運用報告動画を公開していますが、その視聴数は当初の私たちの想定よりも多く、デジタルによる情報発信のニーズが増加していることを感じます。なお、資産運用会社としてはいち早く、2013年にSNSでの情報発信も開始しました。

「世界のベスト」は、「運用者の顔が見える」ファンドにしていきたいと考えています。2016年に弊社は投資信託を保有する一般のお客様に調査を実施し、弊社販売用資料の評価をしていただきました。その際に、「外資系の投資信託って、よくこうやって外国人の写真を載せているけれど、本当にこの人が運用しているか分からないわよね。知らない外国人の写真を見せられてもね」という声もありました。運用責任者のスティーブン・アネスとチームメンバーは来日して、日本の販売会社や投資家の方々と会い、「世界のベスト」をどのように運用しているかを報告しています。また、運用チームのメッセージを多くの方に届けるために、新聞・雑誌などの取材も積極的に受けています。「顔が見える」ことで、商品の理解を促し、身近に感じていただくためのマーケティングの取り組みの1つです。

また、マーケティング本部の中には、資産運用会社としてはユニークなインベスコ・コンサルティングという部署があります。このチームは、金融機関の営業・販売員がどのようにお客様とコミュニケーションを取るべきかといった調査や研修を実施しています。投資信託という商品は目に見えないものであるからこそ、その説明の巧拙が聞く側の理解度を大きく左右します。運用をするお客様の想いを理解し、投資経験や知識に合わせて内容を伝えられるようにするためのコミュニケーション研修は、２０１５年にインベスコ・コンサルティングを立ち上げて以来、累計３万３９０９名の銀行・証券会社の営業・販売担当者が受講しました（２０２３年3月末時点）。

このようにマーケティング本部では、インベスコを伝え、商品を伝え、伝え方を伝えています。「伝える」だけでなく、「伝わる」ことが大事で、さらに「伝えたくなる」レベルにまで私たちのマーケティング活動を発展させていきたいと思っています。

「インベスコ組織全体で育てる」

ここまでの「見出す」「つなぐ」「伝える」を通じて、お客様の元へ届いた商品は、組織全体で育てていきます。ファンドを育てるとはどういうことでしょうか。1つ目は、ファンドの確実な運営を行うことです。ファンドは常に動いています。そのため、運用を行うポートフォリオ・マネジャーが魅力的な投資機会を発掘することによる、保有銘柄の売却や新たな銘柄の購入のモニタリングを行います。また、日々のお客様からのお申し込みや解約によるファンド全体の資金管理などを確実に行うことも、ファンドを育てる礎としては重要です。

もう1つは、投資家へのタイムリーな情報提供です。正確な情報提供を行うことは、お客様が投資の意思決定を行うために欠かせません。例えば、「世界のベスト」は長期投資によって魅力的な投資機会を捉えるという投資哲学をもっており、短期的な変動要因により市場全体に対して一時的に劣後することもあります。その場合でも各部署が協力し様々な手法でパフォーマンス劣後の背景とポートフォリオ・マネジャーが捉えようとしている投資機会について説明を尽くします。これにより投資家が運用チームと同じ長期的な視野をもって資産形成を行えるようサポートできると考えています。

今後も確実にファンドの運営を行い、運用者の視点をタイムリーにお伝えすることで、「世界のベスト」をはじめとするインベスコの商品への信頼を育み、ファンドを育てていきます。

column

社員のエンゲージメントを高めるインベスコの取り組み

インベスコでは、「ダイバーシティ（Diversity／多様性）」「エクイティ（Equity／公平性）」「インクルージョン（Inclusion／包括性）」の3点を重視した取り組みが行われています。

ダイバーシティによってもたらされる多様な思考や視点が、ビジネスにおいての高い競争力や優位性を生み出すことは一般的に認められています。インベスコでも、この多様性が私たちのビジネスのみならず、お客様にもより良い結果をもたらすと確信しています。また、エクイティとインクルージョンは、あらゆるアイデンティティとバックグラウンドをもつ人々が受け入れられ、歓迎され、公平に扱われることを保証する概念です。これは、組織といった大きなレベルだけでなく、チーム単位においても実践されています。インベスコの社員には、自分の考え、意見、信念を自由に表現し、結果を恐れることなく反対意見や異なる意見を表明することが推奨されており、誰もが当事者意識をもちながら業務を遂行できる職場づくりに重点が置かれています。

こうした取り組みの一環として、インベスコでは、グローバル、ローカルに様々な社員を支える組織横断的なネットワーク活動が存在します。日本でも活発に活動しているものとして、女性の活動をサポートするInvesco Women's Network（IWN、インベスコ・ウーマンズ・ネットワーク）やチャリティ活動、ボランティア活動を行うInvesco Cares（インベスコ・ケアーズ）があります。IWNは、女性のリーダーシップなどにスポットを当てた活動を提供すると同時に、女性社員の育成や、女性社員が会社への帰属意識を高める機会などを提供しています。インベスコで働くジュニア・ポジションの女性と、シニア・ポジションの社員をマッチングさせ、シニア・メンバーからリーダーシップを高めるための考え方を聞いたり、キャリアに関するアドバイスをもらう場を提供するInvesco Women's Network iMentor Program（インベスコ・ウーマンズ・ネットワーク・iメンタープログラム）という育成プログラムもあります。所属する部署を超え、自分とは異なる経験をもつ社員との交流により、ジュニア・レベルの女性が自己成長を実現するものです。

他にも、日本独自での組織横断的なチームであるCross Functional Team（CFT、クロス・ファンクショナル・チーム）があります。CFTでは、職場環境の改善に向けた企画や、社員同士がより親睦を深められるイベント、地域社会に貢献するような企画などを、その時々のチームメンバーが工夫しながら企画・実施しています。

インベスコでは、ネットワークや活動が多く存在し、社員間の相互交流が促進され、会社への参画意識を高める取り組みが定着しています。こうした活動が、本章で紹介したカルチャーの中でも、特に、「思考の多様性」や「高い向上心」という2つの特性を育むことに貢献しているのかもしれません。

おわりに

素晴らしい投資体験を実現するために

『世界株式「王道」投資術』を最後まで読んでいただき、ありがとうございました。本書を読む前と比較して、資産運用会社の実態を多少なりともご理解いただけましたら幸いです。また、読者の皆様にアクティブ運用による世界株式投資の魅力をお伝えできたことを願っています。

そのために、これまであまり明らかにされてこなかったアクティブ運用の舞台裏を、今回はできる限り紹介したいと考えました。１つの銘柄を選択するために、これだけの人や時間が投入されていることや、それを支えるチーム体制をどのように構築しているかなど、定性・定量の両面から運用チームの実態を伝えることを試みました。

本書の結びとして、改めて読者の皆様にお伝えしたいと思います。

第1章で触れたように、今後の日本は人口動態的にも、高い経済成長が期待できる国ではなくなりつつあります。その現状を理解し受け入れて、諸外国のようにある程度のスピードをもって、個人も取れる範囲のリスクを取りながらリターンを享受する投資を、真剣に学ぶ必要があるのではないかと思います。生涯を通じて重要となる資産形成の学び直しに遅すぎることはありません。

もし、現在日本にある2000兆円超の個人金融資産について、効率良くリスクを抑えながらもリターンを得ていくことができれば、成長と分配の好循環が実現できます。個人が得たリターンが、国・地域・個人の間でさらに循環することで、豊かな生活を送ることができる可能性が高まるのです。

インベスコのパーパスである「素晴らしい投資体験を通じて、人々の生活をより豊かにする」この〝投資体験〟では、理解してリスクを取り、その結果としてリターンを得ることや、時にはうまくいかなかった投資から学びや気づきを得て次に活かしていくことも、投資体験の一部として捉えています。これらの投資体験を支えるために、私たちのグローバルとローカルの力を結集し、皆様の資産形成のお役に立てるよう引き続き邁進いたします。

世界株式投資を皆様の豊かな生活のための選択肢の1つに。

その魅力が伝わったことを願います。

インベスコ 世界厳選株式オープン【愛称：世界のベスト】

〈為替ヘッジあり〉（毎月決算型）／〈為替ヘッジなし〉（毎月決算型）
〈為替ヘッジあり〉（年1回決算型）／〈為替ヘッジなし〉（年1回決算型）

当書籍では、「インベスコ 世界厳選株式オープン〈為替ヘッジあり〉（毎月決算型）／〈為替ヘッジなし〉（毎月決算型）」および「インベスコ 世界厳選株式オープン〈為替ヘッジあり〉（年1回決算型）／〈為替ヘッジなし〉（年1回決算型）」を総称して「世界のベスト」もしくは「当ファンド」という場合があります。また、決算頻度に応じてそれぞれ「毎月決算型」「年1回決算型」、為替ヘッジの有無に応じてそれぞれ「為替ヘッジあり」「為替ヘッジなし」の呼称を使う場合があります。

ファンドの投資リスク

ファンドは預貯金とは異なり、投資元本は保証されているものではないため、基準価額の下落により、損失を被り、投資元本を割り込むことがあります。ファンドの運用による損益はすべて受益者に帰属します。

基準価額の変動要因

ファンドは実質的に国内外の株式など値動きのある有価証券等に投資しますので、以下のような要因により基準価額が変動し、損失を被ることがあります。

価格変動リスク

〈株式〉株価の下落は、基準価額の下落要因です。

株価は、政治・経済情勢、発行企業の業績や財務状況、市場の需給などを反映し、下落することがあります。

信用リスク

発行体や取引先の債務不履行等の発生は、基準価額の下落要因です。

ファンドが投資する有価証券の発行体が債務不履行や倒産に陥った場合、または懸念される場合、当該有価証券の価格が大きく下落したり、投資資金を回収できなくなることがあります。また、投資する金融商品の取引先に債務不履行等が発生した場合に、損失が生じることがあります。

カントリー・リスク

投資対象国・地域の政治・経済等の不安定化は、基準価額の下落要因です。

投資対象国・地域において、政治・経済情勢の急激な変化や新たな取引規制が導入される場合などには、ファンドが投資する有価証券等の価格が下落したり、新たな投資や投資資金の回収ができなくなる可能性があります。

為替変動リスク

〈為替ヘッジあり〉為替の変動（円高）が基準価額に与える影響は限定的です。

為替ヘッジ（原則としてフルヘッジ）を行い為替変動リスクの低減に努めますが、為替変動の影響を完全に排除できるとは限りません。また、円金利が為替ヘッジを行う通貨の金利より低い場合、当該通貨と円の金利差相当分のヘッジコストがかかります。

〈為替ヘッジなし〉為替の変動（円高）は、基準価額の下落要因です。為替ヘッジを行わないため為替変動の影響を受けることになり、円高方向に変動した場合には外貨建資産の円での資産価値が下落します。

※基準価額の変動要因は、これらに限定されるものではありません。

その他の留意点

ファンド固有の留意点

ベンチマークは、今後、他の指数へ変更されることがあります。

投資信託に関する留意点

ファンドの購入に関しては、クーリングオフ（金融商品取引法第37条の6の規定）制度の適用はありません。


ファンドにおいて短期間に相当金額の換金資金の手当てを行う場合や市場環境の急激な変化等が生じた場合は、当初期待された価格や数量で有価証券等を売却できないことや取引に時間を要することがあるため、基準価額に影響を及ぼす可能性があります。また、これらの要因等により有価証券等の売却・換金が困難となった場合や、資金の受け渡しに関する障害が発生した場合は、ファンドの換金のお申し込みの受付中止（既にお申し込みを受け付けた場合を含みます。）や換金資金のお支払いの遅延となる可能性があります。

マザーファンド受益証券に投資する他のベビーファンドの追加設定・解約等に伴う資金変動などが生じ、マザーファンドにおいて組入有価証券等の売買が行われた場合などには、組入有価証券等の価格の変化や売買手数料などの負担がマザーファンドの基準価額に影響を及ぼすことがあります。

ファンドの費用

投資者が直接的に負担する費用

［購入時手数料］
購入の申込受付日の翌営業日の基準価額に販売会社が定める3・30％（税抜3・00％）以内の率を乗じて得た額

［信託財産留保額］
換金の申込受付日の翌営業日の基準価額に0・30％の率を乗じて得た額

投資者が信託財産で間接的に負担する費用

［運用管理費用（信託報酬）］
日々の投資信託財産の純資産総額に年率1・903％（税抜1・73％）を乗じて得た額とします。運用管理費用（信託報酬）は日々計上され、ファンドの基準価額に反映されます。なお、以下の支払時期に投資信託財産中から支払われます。
■毎月決算型：毎計算期末または信託終了時。
■年1回決算型：毎計算期間の最初の6カ月終了日および毎計算期末または信託終了時。

［その他の費用・手数料］
組入有価証券の売買委託手数料、資産を外国で保管する場合の費用などは、実費を投資信託財産中から支払うものとします。これらの費用は運用状況などによって変動するため、事前に具体的な料率、金額、計算方法および支払時期を記載できません。
監査費用、目論見書・運用報告書の印刷費用などは、投資信託財産の純資産総額に対して年率0・11％（税抜0・10％）を上限として、信託財産中から以下の支払時期に支払うものとします。

■毎月決算型：毎計算期末または信託終了時。
■年1回決算型：毎計算期間の最初の6カ月終了日および毎計算期末または信託終了時。

※これらファンドの費用の合計額については、保有期間などに応じて異なりますので、表示することができません。
お申し込みの際は、必ず「投資信託説明書（交付目論見書）」をご覧ください。

ファンド取り扱いの金融機関

お取り扱いの金融機関（投資信託説明書（目論見書）のご請求・お申し込み先）

〈為替ヘッジあり〉（毎月決算型）
https://www.invesco.com/jp/ja/individual-investor/funds/detail/311901/distributor.html

〈為替ヘッジなし〉（毎月決算型）
https://www.invesco.com/jp/ja/individual-investor/funds/detail/312901/distributor.html

〈為替ヘッジあり〉（年1回決算型）
https://www.invesco.com/jp/ja/individual-investor/funds/detail/141802/distributor.html

〈為替ヘッジなし〉（年1回決算型）
https://www.invesco.com/jp/ja/individual-investor/funds/detail/141803/distributor.html

ファンドに関する照会先

ファンドの基準価額、販売会社等の情報についてはインベスコ・アセット・マネジメント株式会社にお問い合わせください。

お問い合わせダイヤル

電話番号：03-6447-3100（受付時間は営業日の午前9時から午後5時まで）

ホームページ　https://www.invesco.com/jp/ja/

本書籍で言及している個別銘柄について

個別の銘柄・企業名についてはご参考として掲載しているものであり、その銘柄また企業の株式などの売買を推奨するものではありません。また、「世界のベスト」における将来の組入れを示唆・保証するものではありません。

本書籍で使用している指数について

日経平均株価に関する著作権、知的所有権その他一切の権利は日本経済新聞社に帰属します。日本経済新聞社は日経平均株価を継続的に公表する義務を負うものではなく、その誤謬、遅延又は中断に関して責任を負いません。

©日本経済新聞社

ＴＯＰＩＸの指数値及びＴＯＰＩＸに係る標章又は商標は、株式会社ＪＰＸ総研又は株式会社ＪＰＸ総研の関連会社（以下「ＪＰＸ」といいます。）の知的財産であり、指数の算出、指数値の公表、利用などＴＯＰＩＸに関するすべての権利・ノウハウ及びＴＯＰＩＸに係る標章又は商標に関するすべての権利はＪＰＸが有します。ＪＰＸは、ＴＯＰＩＸの指数値の算出又は公表の誤謬、遅延又は中断に対し、責任を負いません。

ＭＳＣＩの各インデックスは、MSCI Inc.が発表しています。同インデックスに関する情報の確実性および完結性をMSCI Inc.は何ら保証するものではありません。著作権はMSCI Inc.に帰属しています。各インデックスの円ベースは、同社が発表した各インデックスをインベスコにて円ベースに換算したものです。

S&Pダウ・ジョーンズ・インデックスLLCの各インデックスは、S&Pダウ・ジョーンズ・インデックスLLCが発表しており、著作権はS&Pダウ・ジョーンズ・インデックスLLCに帰属しています。

本書籍のお取り扱いにおけるご注意

本書籍は、インベスコ・アセット・マネジメント株式会社（以下、「当社」と言います。）が、投資信託に関する情報を提供する他、当社ファンドを紹介することを目的として発行したものです。本書籍は信頼できる情報に基づいて作成されたものですが、その情報の確実性あるいは完結性を表明するものではありません。また、過去の運用実績は、将来の運用成果を保証するものではありません。本書籍で詳述した分析は、一定の仮定に基づくものであり、その結果の確実性を表明するものではありません。分析の際の仮定は変更されることもあり、それに伴い当初の分析の結果と差異が生じる場合があります。本書籍の中で記載されている内容、数値、図表、意見などは特に記載がない限り当資料作成時点のものであり、今後予告なく変更されることがあります。ファンドの購入のお申し込みの場合には、投資信託説明書（交付目論見書）を販売会社よりあらかじめまたは同時にお渡ししますので、必ず内容をご確認の上、ご自身でご判断ください。投資信託は預金や保険契約と異なり、預金保険機構または保険契約者保護機構の保護の対象ではありません。また、登録金融機関は投資者保護基金には加入しておりません。ファンドのお取引に関しては、金融商品取引法第37条の6の規定（いわゆるクーリングオフ）の適用はありません。ファンドは、実質的に国内外の値動きのある有価証券など（外貨建資産には、為替変動リスクもあります。）に投資しますので、基準価額は変動します。したがって、元本が保証されているものではありません。これらの運用による損益はすべて受益者の皆様に帰属します。

収益分配金に関する留意事項

投資信託で分配金が支払われるイメージ

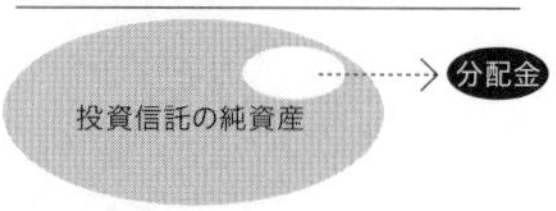

●分配金は、預貯金の利息とは異なり、投資信託の純資産から支払われますので、分配金が支払われると、その金額相当分、基準価額は下がります。

●分配金は、計算期間中に発生した収益（経費控除後の配当等収益および評価益を含む売買益）を超えて支払われる場合があります。その場合、当期決算日の基準価額は前期決算日と比べて下落することになります。また、分配金の水準は、必ずしも計算期間におけるファンドの収益率を示すものではありません。

計算期間中に発生した収益を超えて支払われる場合

前期決算日から基準価額が上昇した場合

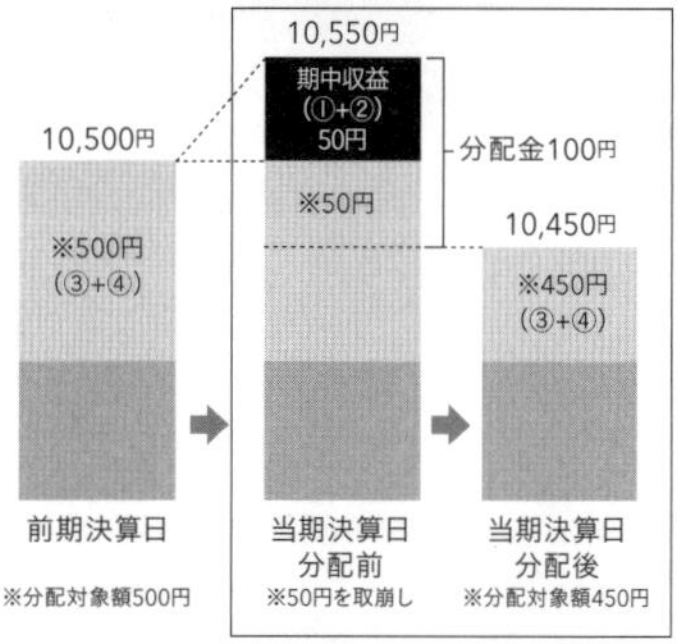

前期決算日から基準価額が下落した場合

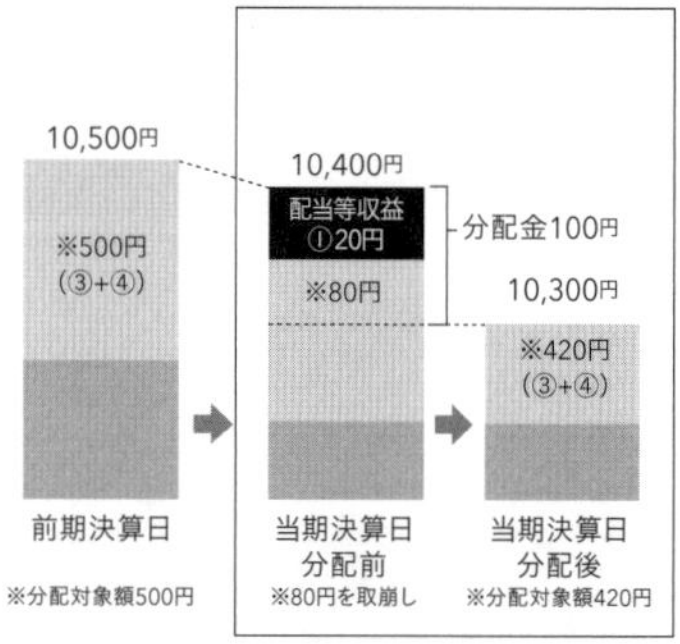

（注）分配対象額は、①経費控除後の配当等収益および②経費控除後の評価益を含む売買益ならびに③分配準備積立金および④収益調整金です。分配金は、分配方針に基づき、分配対象額から支払われます。
上記はイメージ図であり、実際の分配金額や基準価額を示唆するものではありませんのでご留意下さい。

●受益者のファンドの購入価額によっては、分配金の一部ないし全部が、実質的には元本の一部払戻しに相当する場合があります。

分配金の一部が元本の一部払戻しに相当する場合

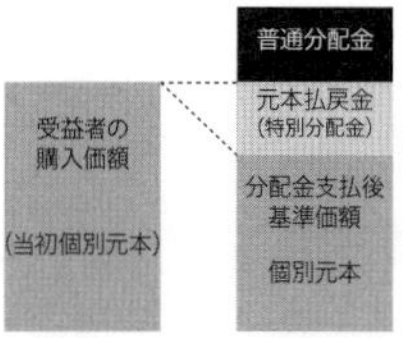

※元本払戻金（特別分配金）は実質的に元本の一部払戻しとみなされ、その金額だけ個別元本が減少します。また、元本払戻金（特別分配金）部分は 非課税扱いとなります。

分配金の全部が元本の一部払戻しに相当する場合

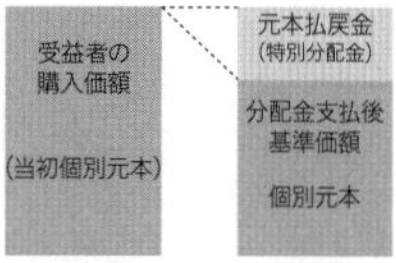

普通分配金：個別元本（受益者のファンドの購入価額）を上回る部分からの分配金です。
元本払戻金（特別分配金）：個別元本を下回る部分からの分配金です。分配後の受益者の個別元本は、元本払戻金（特別分配金）の額だけ減少します。

（注）普通分配金に対する課税については、投資信託説明書（交付目論見書）「手続・手数料等」の「ファンドの費用・税金」をご参照下さい。

インベスコ・アセット・マネジメント株式会社
デジタルコンテンツ

ホームページ

https://www.invesco.com/jp/ja/individual-investor.html

世界のベスト 特設ページ

https://www.invesco.com/jp/ja/individual-investor/funds/featured-funds/global-best.html

インベスコ SNS 一覧

https://www.invesco.com/jp/ja/about-us/SNS.html

商号等：インベスコ・アセット・マネジメント株式会社
金融商品取引業者　関東財務局長（金商）第306号
加入協会：一般社団法人投資信託協会、一般社団法人日本投資顧問業協会

インベスコについて

インベスコ・リミテッド（以下、「インベスコ」）は「素晴らしい投資体験を通じて、人々の人生をより豊かなものにする」ことを会社の存在意義として掲げ、グローバルな運用力を提供する世界有数の独立系資産運用会社です。インベスコは、グローバル市場で培った特色ある運用力を強みとするブランドを傘下に収め、世界中の個人投資家、機関投資家などの顧客の資産運用ニーズに対し、グループの総合力を結集して包括的な解決策を提供しています。インベスコは、世界20ヵ国以上に拠点を置き、ニューヨーク証券取引所に上場しています。(証券コード：IVZ)

インベスコ・アセット・マネジメント株式会社について

インベスコ・アセット・マネジメント株式会社は、独立系資産運用会社インベスコの日本拠点です。内外の公的年金・企業年金、事業法人、銀行や保険会社など機関投資家を対象に、株式や債券などの伝統的な投資戦略からオルタナティブなど非伝統的な投資戦略まで幅広い商品およびサービスを提供しています。また、銀行・証券会社・保険会社などを通じて個人投資家向けの投資信託およびサービスを提供しています。

世界屈指《せかいくっし》の資産運用会社《しさんうんようがいしゃ》
インベスコが明《あ》かす

世《せ》界《かい》株《かぶ》式《しき》「王《おう》道《どう》」投《とう》資《し》術《じゅつ》

2023年5月30日　初版第一刷発行

著　者　インベスコ・アセット・マネジメント株式会社
発行者　小川真輔
発行所　株式会社ベストセラーズ
〒112-0013　東京都文京区音羽1-15-15シティ音羽2階
電話　03-6304-1832（編集）
03-6304-1603（営業）

印刷製本　近代美術
カバーデザイン　三森健太（JUNGLE）
本文デザイン・DTP　加藤一来

ISBN 978-4-584-13991-2 C0033